掌尚文化
尚文化·掌天下

Explorer of

Salute&Discovery　Finance

金融探索者·致敬与发现

国家自然科学基金青年项目："政府隐性担保、债券市场摩擦与中国信用债券定价"（71803018）
对外经济贸易大学"风险依赖与精算费率厘定系统研究创新团队"（CXTD9-04）

金融探索者 · 致敬与发现

Explorer of Finance Salute&Discovery

Rate-making Models for Dependent Risks and
Their Applications in Non-life Insurance

李政宵 著

相依风险下的
非寿险费率厘定模型与应用

经济管理出版社
ECONOMY & MANAGEMENT PUBLISHING HOUSE

图书在版编目（CIP）数据

相依风险下的非寿险费率厘定模型与应用/李政宵著.—北京：经济管理出版社，2019.9

ISBN 978-7-5096-6845-0

Ⅰ.①相… Ⅱ.①李… Ⅲ.①保险费率—研究 Ⅳ.①F840.4

中国版本图书馆 CIP 数据核字（2019）第 171644 号

组稿编辑：宋　娜

责任编辑：宋　娜　张馨予　丁凤珠

责任印制：黄章平

责任校对：陈晓霞

出版发行：经济管理出版社

　　　　　（北京市海淀区北蜂窝 8 号中雅大厦 A 座 11 层　100038）

网　　址：www. E-mp. com. cn

电　　话：（010）51915602

印　　刷：三河市延风印装有限公司

经　　销：新华书店

开　　本：720mm×1000mm/16

印　　张：9.75

字　　数：141 千字

版　　次：2019 年 12 月第 1 版　2019 年 12 月第 1 次印刷

书　　号：ISBN 978-7-5096-6845-0

定　　价：98.00 元

　　非寿险产品的保费由纯保费和附加保费构成，其中纯保费往往占到总保费的 60% 左右，因此，对纯保费的准确预测是合理厘定保险产品费率的关键。

　　非寿险产品的费率厘定主要包括分类费率厘定和经验费率厘定两种方法。分类费率厘定是根据保单已知的风险特征信息进行风险类别划分，从而计算得到每个风险类别的平均费率。目前，分类费率厘定通常使用的是广义线性模型。经验费率厘定是根据被保险人的历史索赔数据预测未来保险成本或者对保单的预期保费进行调整，其中最为重要的模型是信度模型，它是现代非寿险精算学的基础。在非寿险产品费率厘定过程中，保险产品的保费厘定主要基于个体保单的赔付数据，其中分类费率厘定主要基于个体保单一年期的赔付数据，运用广义线性模型厘定保单的基准风险保费，经验费率厘定主要基于个体保单多年期的赔付数据，运用信度模型或者奖惩系统进行保费的调整。

　　传统的费率厘定模型都假设风险之间是相互独立的。譬如，分类费率的定价方法是通过广义线性模型计算平均索赔频率与平均索赔强度，直接将两者相乘后得到纯保费的预测值，其中隐含了索赔频率与索赔强度互相独立的重要假设。当费率厘定过程中协变量包含地区变量时，广义线性模型通常将地区变量作为分类变量处理，其中同样隐含了不同地区之间的索赔是相互独立的。另外，在保单存在续保的情况下，广义线性模型假设不同年度的赔付数据之间是相互独立的。

　　实际上，上述风险都存在一定的相依关系。在这样的背景下，相依风险的建模研究成为热点。在国内，有关相依风险及其在非寿险精算中的应用还很少，本书主要探讨风险相依情况下的非寿险费率厘定问题，其中风险相依主要包含三个层面的内容：索赔频率与索赔强度之间的相依性问题、不同地区之间的空间相依性问题以及多年期赔付数据在时间上存在的相依性问题。

在模型方面，广义线性模型是目前非寿险定价体系中运用最为广泛的模型。但该模型也无法有效处理上述三类风险相依性问题，此时需要对广义线性模型进行推广。譬如，将广义线性模型的指数分布的假设推广到更为一般的分布假设，以适应不同特征的保单赔付数据；或在广义线性模型的线性预测项引入惩罚样条函数，用于描述赔付数据在不同地区之间的空间相依结构；或将索赔频率的广义线性模型与索赔强度的广义线性模型之间的独立性假设进行扩展；或将广义线性模型与信度模型相结合，构建一种最优奖惩系统。

本书主要探讨了分类费率厘定模型和经验费率厘定模型，同时考虑三种类型的相依风险，为非寿险定价体系提供了一种更为全面完整的理论体系。

全书包括六章，各章的主要研究内容如下：

第一章为非寿险精算定价方法综述。本章总结了精算定价方法的发展趋势，介绍了研究背景和学术贡献。

第二章为传统的费率厘定模型。首先，介绍了广义线性模型的基本框架。其次，简单列举了非寿险费率厘定中三种经典的损失预测模型，即索赔频率预测模型、索赔强度（或金额）预测模型和纯保费预测模型。索赔频率预测模型主要包含泊松回归模型和负二项回归模型，索赔强度（或金额）预测模型主要包含伽马回归模型和逆高斯回归模型，纯保费预测模型主要是 Tweedie 回归模型。最后，说明了广义线性模型在非寿险费率厘定中的运用。

第三章为空间相依的费率厘定模型。首先，简要介绍了空间相依性的含义以及研究价值。其次，介绍了构建空间相依性模型的基本框架，即 GAMLSS 模型的一般形式。通过进一步研究，对索赔频率与索赔强度的常用分布进行推广，建立了基于空间效应的索赔频率预测模型和索赔强度预测模型。最后，将空间相依性模型与传统的费率厘定进行比较，论证了在费率厘定中考虑空间相依性的必要性与优越性。

第四章为索赔频率与索赔强度的相依性模型。首先，通过蒙特卡洛数值模拟的方法论证了索赔频率与索赔强度的相依性对纯保费的影响，论证了在非寿险产品纯保费预测中考虑两者的相关性是很有必要的。其次，为了考虑相依性对纯保费预测的影响，本章提出了一种基于纯保费预测的相依性调整模型，并运用极大似然估计方法进行参数估计。最后，为了验证该模型的可行性和合理性，本章还总结了现有文献中考虑索赔频率与索赔强度之间的相依关系的预测模型，并将本章提出的模型与现有模型进行比较研究，进一步说明了模型的应用价值。

第五章为基于时间相依的最优奖惩系统。首先，简要介绍了续保保单通常包含多年期的赔付数据，赔付数据在不同年度之间存在一定的相依关系。其次，提出一种将分类费率厘定和经验费率厘定相结合的定价模型，并分别基于索赔次数数据和索赔金额数据构建了最优奖惩系统。最优奖惩系统解决了赔付数据在不同年度之间的相依关系，避免了对保费的重复奖励和惩罚。最后，基于我国财产保险公司一组多年期的赔付数据，对我国商业车险的奖惩系数进行了详细测算，并与现有相关制度进行比较，得出一些具有实际价值的结论。

第六章为总结和展望。总结了本书的主要研究成果及不足之处，并提出了一些需要进一步研究的问题。

在实证研究部分，本书主要以汽车保险数据为例，探讨相依风险下的精算定价问题。但这些方法具有普遍适用性，因此完全可以应用于其他非寿险保险产品定价业务。

本书受国家自然科学基金青年项目"政府隐性担保、债券市场摩擦与中国信用债券定价"（批准号：71803018）和对外经济贸易大学"风险依赖与精算费率厘定系统研究创新团队"（CXTD9-04）的资助，特此感谢。

由于笔者水平有限，加之编写时间仓促，所以书中错误和不足之处在所难免，恳请广大读者批评指正。

李政宵

对外经济贸易大学保险学院统计与精算学系讲师

2019 年 4 月 14 日

目　录
Contents

第一章

非寿险精算定价方法综述

第一节　分类费率厘定方法

　　针对个体保单的赔付，保险公司通常运用分类费率厘定技术和经验费率厘定技术来制定相对合理的保费。孟生旺（2007）总结和比较了传统的分类厘定方法，其中主要包含单变量分析法、边际总和法、最小卡方法、最小二乘法等。这些方法都是基于点估计的思想，不能对模型的参数进行假设检验和区间估计，同样也不能对模型的拟合进行评价和比较。1972 年 Nelder 和 Wedderburn 将广义线性模型（Generalized Linear Model，GLM）运用于生物和医学统计中。为了在保险数据分析中使用一套完整的统计分析方法，McCullagh 和 Nelder（1989）首次将广义线性模型运用到精算领域，使得广义线性模型逐渐成为保险数据分析广泛运用的工具。广义线性模型是线性模型的推广，将因变量服从正态分布的假设扩展到指数分布族，并使用连接函数，大大提高了损失预测的准确性与合理性。广义线性模型在保险精算中应用的文献很多，最具有代表性的是 Haberman 和 Renshaw（1996）的综述性文章。该文章详细介绍了广义线性模型在未决赔款准备金评估、经验费率厘定与死亡率预测中的运用，具有十分广泛的影响。广义线性模型的其他有关文献可以参考卢志义和刘乐平（2007）及 Jong 和 Heller（2008）的文章。

运用广义线性模型进行非寿险产品的费率厘定，通常是对个体保单的索赔频率数据和索赔强度数据分别建立损失预测模型，然后将两者的结果相乘得到纯保费的预测值。因此，保险公司在费率厘定时重点关注索赔频率与索赔强度的建模思想和步骤。

索赔频率是平均每个风险单位的索赔次数。在非寿险索赔频率预测中，最常使用的广义线性模型是泊松回归模型，该模型假设索赔次数服从泊松分布（Jong and Heller，2008）。但在某些情况下，泊松分布可能不太适合。譬如，由于受某些不可观测的风险因素的影响，使得每个风险类别内部存在风险异质性，此时，索赔次数数据表现出过离散特征（徐昕、袁卫和孟生旺，2010）。此外，由于受免赔额和无赔款优待条款的影响，大量保单在保险期间可能不会发生任何索赔，这使得索赔次数的观察值在零点有一个很高的概率堆积，远远大于泊松分布在零点可能达到的概率值。在这两种情况下，可以考虑用负二项分布（孟生旺，2009）、P 型负二项分布、双泊松分布（Yip and Yau，2005）或者零膨胀分布来代替泊松分布（Klein，Kneib and Lang，2015）。

索赔强度是指平均每次索赔的赔款金额。在索赔强度的预测中，最常使用的广义线性模型是伽马回归模型，即假设索赔强度服从伽马分布（Jong and Heller，2008）。但是，实际的索赔强度数据往往具有尖峰厚尾特征，既有大量的小额索赔，也有少量的高额索赔。对于尖峰厚尾的索赔强度数据，模型拟合的好坏在很大程度上取决于对尾部数据的拟合效果。因此，当实际数据的尾部较长时，伽马回归模型的拟合效果往往欠佳。可以证明，对数正态分布的尾部比逆高斯分布更厚，而逆高斯分布的尾部比伽马分布更厚。所以，对于尖峰厚尾的索赔强度数据，可以用逆高斯回归或对数正态回归代替伽马回归。当索赔强度数据的尾部很长时，如果用逆高斯分布或对数正态分布也不能很好拟合，就需要考虑偏 T 分布（Eling，2012；王明高和孟生旺，2014；孟生旺和李政宵，2016）。由于索赔强度数据的峰度和尾部形式比较复杂，在建立预测模型时还可以考虑广义贝塔类型Ⅱ分布（Generalized Beta Distribution of the Second Kind，GB2）、帕累托分布或者其他连续型混合分布（Dong，2013；Zehnwirth，1994；Sun，2008）。

在费率厘定的纯保费预测过程中，除了分别对索赔频率和索赔强度进行预测之外，还可以直接对纯保费的经验数据建立预测模型，如Tweedie回归模型、零调整逆高斯回归模型或零调整对数正态回归模型。纯保费的观察值是指平均每个风险单位的赔款金额，是保单在整个保险期间的累积赔款与风险单位数之比。在保险实务中，大多数保单不会发生索赔，所以它们的纯保费观察值等于零。对于发生索赔的保单，其纯保费观察值往往呈现出尖峰厚尾的特征。因此，纯保费的经验数据往往表现为在零点有一个较大的概率堆积，而在大于零的部分又服从一个连续型分布。Tweedie分布是在索赔次数服从泊松分布，而每次的索赔金额服从伽马分布条件下的复合分布（Jørgensen，1994），零调整逆高斯分布是零点的退化分布与逆高斯分布的混合分布，零调整对数正态分布是零点的退化分布与对数正态分布的混合分布（孟生旺和李政宵，2015），他们与纯保费观察数据的特征比较吻合，所以在这些分布假设下，可以直接建立纯保费的预测模型。

第二节　经验费率厘定方法

在个体保单的历史赔付数据比较充足的情况下，保险公司可以运用经验费率厘定技术，其中使用最为广泛的是信度模型。信度理论源于Whitney（1918），主要用来解决经验费率厘定中风险异质性的问题。信度理论主要包括有限波动信度模型和最大精确信度模型。有限波动信度模型包含完全信度模型（Mowbray，1914）和部分信度模型（Whitney，1918），其中完全信度模型认为个体保单的预期保费可以完全根据保单的历史索赔数据确定，部分信度模型认为个体保单的保费预测值可以根据个体保单的经验索赔数据和保单组合经验索赔数据之间的加权平均计算得到，其中权重被称为信度因子。考虑到有限波动信度模型中的参数估计对数据中的随机波动的敏感性较高，Bühlmann（1967）应用非参数统计的思想，在最小均方误差的条件下推导出信度保费的线性预测表达式。在 Bühlmann 信度模型的基础上，Bühlmann 和 Straub（1972）考虑到保险数据中每个风险的风险单位数不同的情况，提出了 Bühlmann-Straub 模型，赋予了信度模型更加直观的意义。Jewell（1974）运用贝叶斯分析方法，在假设因变量与风险参数服从自然共轭分布族的情况下，个体保单的预期保费也可以表示成为类似 Bühlmann 信度模型的线性形式。至此，Bühlmann 信度模型作为贝叶斯信度模型的渐进估计值，被称为最精确信度模型，逐渐取代了早期的有限波动信度模型，在经验费率厘定中得到广泛应用。其他学者也对信度模型进行了扩展，例如，Hachemeister（1975）首次在线性回归模型的基础上将时间趋势作为协变量建立了信度回归模型。DeVylder（1985）将线性回归模型扩展到非线性的条件下，在预测值中分解出了信度因子。Pinquet（2000）总结了统计模型在经验费率厘定中的运用，探讨了信度模型下存在的序列相关性的估计方法。

但是，传统的信度模型也存在一定的局限性。Bühlmann 信度模型在估计方差参数时采用非参数估计的思想，通过估计数据组内方差和组间方差计算信度因子，表达式比较复杂。在贝叶斯信度模型中，除了在共轭分布下可以求得信度估计值的显示表达式之外（孟生旺，2013；谢远涛等，2012），一般贝叶斯信度模型涉及的积分计算比较困难，使得贝叶斯信度模型的应用也受到很大限制。基于此，Frees（1999）把信度模型作为线性混合模型（Linear Mixed Model，LMM）的特例进行了讨论，通过固定效应（Fixed Effect）描述总体均值，并引入随机效应（Random Effect）用于描述个体与总体均值之间的偏差。线性混合模型有一套完整的参数估计和模型检验方法，为模型选择提供了很多便利。但是，线性混合模型局限于正态分布假设，只能对连续型响应变量进行预测。在处理偏态数据或离散型数据（如索赔金额或索赔次数）时，需要将线性混合模型扩展到广义线性混合模型（Generalized Linear Mixed Model，GLMM）（Antonio，2007）。广义线性混合模型不再受正态分布假设的约束，可以使用指数分布族中的各种分布，如正态分布、泊松分布和伽马分布等。

从本质上来看，信度模型主要用于处理具有纵向数据结构的保险数据，线性混合模型和广义线性混合模型都可以看作是传统信度模型的推广。康萌萌和孟生旺（2009，2014）使用两种调整后的离散分布实证研究了广义线性混合模型与信度模型的关系，并讨论了不同估计方法下的交叉分类信度模型在费率厘定中的应用。另外，分层广义线性模型（Hierarchical Generalized Linear Model，HGLM）和广义加性模型（Generalized Additive Model，GAM）（Hastie，1990）以及广义加性混合模型（Generalized Additive Mixed Model，GAMM）都是在广义线性模型的基础上引入随机效应和固定效应，可以用于处理具有纵向数据结构、分层结构或者多水平结构的统计模型。康萌萌（2009）、孟生旺（2014）详细讨论了在汽车保险费率厘定过程中，运用信度模型、广义线性模型、广义线性混合模型等方法对保单的多水平因子进行估计时的优缺点。上述基于随机效应的混合模型的原理，首先根据保单的已知风险特征进行风险划分，其次对每个风险类别厘定分类费率，最后基于个体保单的历史索赔信息进行分类费率的调整，该费率的调整运用的就是经验费率厘定技术的思想。因此，基于随机效应的统计不仅能够描述相同个体保单在不同观测期的相关结构，还能解释不同个体保单的风险异质性问题，使得随机效应模型在非寿险产品的费率厘定和准备金评估中具有一定的应用价值。

第三节　空间相依性建模方法

在非寿险费率厘定过程中，一种重要的协变量是空间变量，如索赔发生的地区或空间坐标（Klein，2014）。在传统的广义线性模型中，通常把空间变量作为分类变量处理，没有考虑相邻地区的索赔频率可能存在的空间相依关系，这在一定程度上会损失数据中的部分重要信息。事实上，当某些地区的索赔数据较少时，就可以用相邻地区的索赔信息进行补充。换言之，由于相邻地区的交通状况和地理条件等风险因素具有较高的相似度，所以在预测模型时可以把相邻地区的索赔观察值作为重要的补充信息使用。解决空间相依关系的一种重要工具是高斯马尔科夫随机场（Rue，2005）。

从数据结构的角度看，空间变量的另一个作用是将所有观察数据进行分层，如不同地区的保单在赔付数据上具有差异性，而同一地区的保单在赔付数据上具有相似性。因此，对于包含地区变量的保单赔付数据，比较适合建立分层模型。事实上，当地区的水平数很多时，把地区变量作为分类变量处理并建立固定效应模型的结果往往欠佳，而使用分层模型可以明显提高模型的拟合优度。根据因变量的分布假设不同，常用的分层模型包括正态分布假设下的线性混合模型（LMM）和指数分布族假设下的广义线性混合模型（GLMM）。

无论是通常的线性回归模型和广义线性模型，还是考虑分层结构的线性混合模型和广义线性混合模型，都没有考虑相邻地区的空间相依性。通过对上述模型进一步扩展，Rigby 和 Stasinopoulos（2005）提出更为一般的统计模型，即位置、尺度、形状参数的广义加性模型（Generalized Additive Models for Location，Scale and Shape，GAMLSS）。该模型的因变量分布不再局限于指数分布族，还可以将位置参数、尺度参数和形状参数同时引入协变量，并且模型的线性预测项可以将协变量的非线性效应、随机效应、空间效应等多种关系纳入其中。该模型结构比较复杂，估计方法通常运用基于极大似然法的 CG 和 RS 算法，或者在贝叶斯分析框架下进行参数估计和检验，运用最广泛的软件包是 R 软件中的 GAMLSS 及其扩展包。孟生旺和王选鹤（2014）在零调整逆高斯的分布假设下把 GAMLSS 模型应用到我国实际的车损险数据中，建立了车损险的费率厘定模型。为了在费率厘定过程中考虑空间变量之间的相依关系，Klein N. 等（2015）在零膨胀分布的假设下建立了基于空间相依性的索赔频率预测模型，同时运用贝叶斯方法进行参数估计和模型选择。同时，该项研究还在 GAMLSS 模型框架下建立了空间相依性模型，并运用惩罚似然估计方法进行参数估计，进一步论证贝叶斯方法的优越性。空间相依性模型的其他研究还可以参考 Lang（2014）、李政宵和孟生旺（2016）。

第四节　索赔频率与索赔强度相依性建模方法

泊松—伽马模型与 Tweedie 模型是目前应用最为广泛的两种纯保费预测方法，并且都可以在广义线性模型的框架中进行建模分析。在大多数情况下，两种方法对纯保费的预测结果非常接近。泊松—伽马模型的优点在于分别对索赔频率和索赔强度建模，可以区分风险因子对两者的不同影响，从而有利于风险的识别和管理。但是，泊松—伽马模型隐含了一个重要假设，即索赔频率与索赔强度是相互独立的。在实际应用中，索赔频率与索赔强度通常存在一定的相依关系，譬如汽车保险中大多数索赔频率偏高的保单，平均每次的赔款金额可能较低，另一些索赔频率偏低的保单，平均每次发生的赔款金额可能较大。在定价过程中，如果忽略两者之间存在的相依关系，可能造成费率因子估计的不准确，从而导致保单组合总赔款预测的偏差。Tweedie 模型是直接对纯保费的经验数据建立的预测模型，优点在于回避了索赔频率与索赔强度可能存在的相依性问题，缺点是会掩盖影响索赔频率和索赔强度的不同风险因素。李政宵和孟生旺（2016）探讨了在索赔频率与索赔强度存在相依关系的情况下，泊松—伽马模型与 Tweedie 模型对费率因子的估计结果，论证了在纯保费预测中考虑风险相依的必要性。基于此，孟生旺和李政宵（2017）提出了一种相依性调整模型，更加直观地描述相依性对纯保费的调整作用。

在现有文献中，有三种方法可以描述索赔频率与索赔强度之间的相依关系。第一种方法是将索赔次数作为协变量引入索赔强度的预测模型中，并通过条件分布的形式构建联合似然函数来估计模型参数。该方法用索赔次数变量的回归系数来描述索赔频率与索赔强度之间的相依关系。这种方法的缺陷是仅仅考虑了索赔次数对索赔强度预测值的影响，而没有考虑索赔强度对索赔频率预测值的影响。第二种方法是通过 Copula 构建索赔次数与索赔强度的联合分布函数，该方法需要使用零截断的索赔次数数据，并通过 Logistic 回归模型预测发生零次索赔的概率。Copula 是一种通过单个变量的边缘分布构造多个变量的联合分布的一种数学方法，广泛运用于研究金融保险风险相依的相关问题，关于 Copula 函数中的参数估计方法以及如何在 R 软件中的实现可以参照 Yan J.（2007）。运用 Copula 函数建立索赔频率与索赔强度之间的相依关系的优点是可以更有效地描述索赔频率与索赔强度之间的非线性相依结构，但若 Copula 函数选取不恰当，可能会影响纯保费预测结果的合理性。第三种方法是在索赔频率预测模型和索赔强度预测模型中引入共同的随机效应，并通过共同的随机效应来描述索赔频率与索赔强度之间的相依关系。该模型对参数的估计和预测都是基于贝叶斯的分析框架，当数据量很大时，贝叶斯估计的运算速度较慢，同时贝叶斯先验分布的合理选择问题也较为复杂，使得该方法在实际运用中同样存在局限性。

在纯保费的预测中，除了使用前述的频率—强度方法之外，还可以直接对纯保费的经验数据建立预测模型，如 Tweedie 回归模型、零调整逆高斯回归模型或零调整对数正态回归模型。直接基于纯保费的观察值建立纯保费预测模型的优点是回避了索赔频率与索赔强度的相依性问题，缺点是无法区分影响索赔频率和索赔强度的不同风险因素，且只能在有限的几个分布假设下建立模型，当这些分布假设与实际观察数据的特征不吻合时，模型的预测效果将难以保证。

第五节　基于时间相依关系的建模方法

在商业车险费率厘定中，续保的保单通常包含多年期的赔付数据。在这种情况下，保险公司通常使用广义线性模型厘定先验费率或分类费率，即首先根据保单的先验风险特征信息将所有保单划分为不同的风险类别，其次厘定每个风险类别的先验费率。在广义线性模型中通常使用的先验风险特征信息包括被保险人的风险特征信息（年龄、性别等）和被保险车辆的风险特征信息（车龄、车型和车辆用途等）。在先验费率的厘定过程中，保险公司只能使用被保险人或被保险车辆的部分风险特征信息，有些重要的风险特征信息（如驾驶人的性格特征、生活习惯、兴趣爱好等）因为无法准确度量而未被纳入广义线性模型。这些在先验费率厘定过程中未被使用的风险特征将通过保单的索赔信息得到体现，譬如，驾驶行为激进的被保险人将会导致相对较多的索赔次数，使得同一份保单（同一位被保险人）在不同年度的赔付数据之间存在一定的相依关系。

保险公司通常运用经验费率厘定技术利用保单的经验索赔信息进行保费调整，以解决多年期保单的索赔在不同年度之间的相依关系。实证研究结果表明，保单的历史索赔信息在预测被保险车辆的风险水平方面明显优于其他风险特征信息，其中运用最为广泛的经验费率厘定模型是信度模型或者奖惩系统（Bonus Malus System）。

另外，在商业车险定价实践中，保险公司通常先厘定分类费率再进行费率调整，先验费率的厘定过程和经验费率厘定的计算过程是相互独立的。实际上，广义线性模型利用保单的先验风险特征信息计算先验费率，经验费率厘定模型利用经验索赔信息进行保费调整，而这两类风险信息通常是高度相关的。换言之，在广义线性模型中根据先验风险特征信息被划分为高风险的保单，经验索赔次数通常较高；而在广义线性模型中被划分为低风险的保单，经验索赔次数通常较低。所以，如果在相互独立的假设下厘定先验费率并计算费率的调整系数，会造成风险信息的重复使用，即对高风险的保单收取过多的保费，对低风险的保单收取过低的保费，从而造成重复的奖励或惩罚。

为了考虑多年期保单的索赔在不同年度之间的相依关系，同时避免费率厘定过程中的重复性奖励和惩罚，需要将先验费率厘定和经验费率厘定相结合构建一套完整的定价体系，即在厘定费率的同时进行费率的调整。基于此，主要存在下述两种研究方法。一种方法是Frees（1999）把信度模型作为线性混合模型的特例进行了讨论，在线性混合模型中，通过固定效应来描述保单已知的风险特征信息，通过随机效应来描述保单潜在的风险特征信息。线性混合模型通过引入随机效应，解决了赔付数据在不同年度之间的相关性。李政宵、谢远涛和蒋涛（2015）对线性混合模型进行了扩展，考虑到随机效应和残差不同结构的协方差矩阵形式，构建了风险相依的信度模型，从而得到线性混合模型中隐含的当正态分布假设不适用于描述保险赔付数据时的方法。另一种方法是直接运用广义线性混合模型进行费率厘定，能够更好地描述具有偏态和过离散特征的保单损失数据，相关文献可以参考 Antonio（2007）。为了避免费率厘定中的重复奖励和惩罚的问题，Ohlsson（2010）提出了一种把广义线性模型与信度模型结合在一起的方法，由于传统的信度模型使用非参数的估计方法，并没有分布假设，所以这种定价方法只能通过迭代算法求得数值解，不能给出相应的解析表达式。同样地，广义线性混合模型在预测保费时也不能给出解析表达式，只能使用贝叶斯估计、伪似然估计、限制性极大似然估计等算法求得固定效应的估计值和随机效应的预测值，从而得到保费的预测值。

不论是线性混合模型、广义线性混合模型还是广义线性模型与信度模型结合的定价模型，都不能很好地体现保单历史索赔信息对未来预期保费的调整。在汽车保险费率厘定中，最优奖惩系统主要用于根据保单多年期的历史索赔记录对保费进行调整，相应的保费调整比例称为奖惩系数（Bonus Malus Factor）。最优奖惩系统的构建通常分为两种研究方向：一种是在给定保费等级和转移规则的情况下，应用马尔科夫转移矩阵研究奖惩系数计算方法；另一种是基于保单多年期的赔付数据，运用完全贝叶斯方法计算奖惩系数。与线性混合模型和广义线性混合模型类似，该方法通过引入随机效应来描述赔付数据在不同年度之间的相依关系，其中使用最广泛的是泊松—伽马混合分布假设下的最优奖惩系统，即假设索赔次数服从泊松分布，风险参数（随机效应）服从伽马分布，以及指数—逆伽马混合分布假设下的最优奖惩系统，即假设索赔金额服从指数分布，风险参数（随机效应）服从逆伽马分布。谢远涛和李政宵（2015）探讨了将保单的先验风险特征信息与经验索赔信息相结合进行联合定价的模型框架，比较了随机效应在不同分布假设下的奖惩系数测算结果。此外，Tzougas（2014）运用有限混合分布代替泊松—伽马分布构建了一种全新的最优奖惩系统，主要包括有限混合泊松分布、有限混合负二项分布等。最优奖惩系统的优点在于使用多年期的赔付数据，既考虑了数据在时间上的相依性，同时又解决了保单重复性奖励和惩罚的问题。最优奖惩系统还能给出保单下一期保费预测值的显示表达式，并应用极大似然法或者贝叶斯估计法进行参数估计预测，使结果更为稳健。

第六节 研究意义与学术贡献

一、研究意义

非寿险定价是非寿险精算研究的主要问题，是根据个体保单的赔付数据对保单未来的赔款进行预测，从而厘定相对合理的保费。在费率厘定的过程中，相依风险是必然存在的，忽略相依风险必然会导致未来损失的低估或者高估，使得保费定价不够准确，从而导致保险公司对准备金的评估过多或者不足，降低了保险分担风险的职能，给保险公司的风险管理增加了更大的不确定性。因此，在建模分析过程中考虑相依风险对我国非寿险产品的保费进行合理的预测和评估，具有重要的理论意义和现实意义。

在理论上，首先，本书在不同地区之间存在相依关系的基础上，在不同损失分布的假设下建立了基于空间相依的索赔频率预测模型与索赔强度预测模型。结合数据的特点，比较与选择了最优预测模型，从而论证了在费率厘定模型中考虑空间相依关系的必要性。其次，在索赔频率与索赔强度相依的基础上，本书提出了一种预测纯保费的相依性调整模型，通过根据索赔频率与索赔强度之间的相关系数对纯保费预测的调整，完备了风险管理信息，细化了风险，深化了对非寿险定价中各类风险的认识，对我国非寿险产品进行定价和风险管理具有理论指导意义，并且能够为保险公司提供更为全面的运用价值。最后，本书将分类费率厘定与经验费率厘定过程相结合，建立了基于保单多年期的赔付数据的最优奖惩系统，对于完善我国非寿险定价体系，促进非寿险各种保险产品的费率厘定可持续运行具有重要的理论意义。

在实践上，本书主要针对我国汽车保险个体保单一年期的赔付数据以及多年期的赔付数据，在风险相依的假设下建立了多种损失预测模型，这对于非寿险保险公司在汽车保险定价的实践中具有重要的参考意义。

二、贡献与创新

尽管近年来非寿险精算学发展十分迅速，涌现了大量理论模型和研究成果，但是模型的设定和假设有的过于数学理论化、有的方法过于单一、有的估计过程较为复杂、有的与非寿险实务的结合不强，一直无法促进非寿险费率厘定方法的发展。

本书系统地总结了国内外非寿险精算理论体系，主要在费率厘定模型与风险相依性研究成果的基础上，结合我国保险行业的发展特点以及我国财产保险公司的赔付数据特点，进行了以下几方面的研究和创新工作：

第一，关于空间相依性研究的创新与贡献。

本书分别构建了基于零膨胀分布和偏 T 分布假设下的空间相依性模型。首先，本书在费率厘定过程中创新性地使用零膨胀分布、偏 T 分布代替指数分布族，用以描述赔付数据的分布特征。其次，用惩罚样条函数代替多项式函数来描述连续型协变量对索赔频率、案均赔款的非线性影响。再次，通过高斯马尔科夫随机场来描述相邻地区在赔付数据上的相依性。又次，通过数学推导的方法，比较了常用的连续型分布尾部的厚度，证明了在索赔强度预测中的偏 T 分布的优秀性质。最后，通过实际数据分析的方法，论证了空间相依性模型能够明显地提高模型的拟合效果。

第二，关于索赔频率与索赔强度相依性研究的创新与贡献。

在相依性的假设下，对传统的泊松—伽马模型和 Tweedie 模型进行了比较，通过蒙特卡罗数值模拟的形式，分析了索赔频率与索赔强度的相依性对纯保费的影响，进一步说明了在费率厘定模型中考虑相依性是十分必要的，同时论证了现有模型存在的局限性。

为了解决索赔频率与索赔强度之间的相依性问题，本书提出了一种基于纯保费预测的相依性调整模型，即首先在索赔频率和索赔强度相互独立的假设下预测纯保费，其次通过索赔频率与索赔强度之间的相关关系对独立性假设下的纯保费预测值进行调整。与现有模型相比，该模型的优点是可以将纯保费的预测值分解为两部分，即独立性假设下的纯保费和相依性对纯保费的影响，便于模型的解释和应用。

第三，基于时间相依的最优奖惩系统的创新与贡献。

考虑到个体保单的多年期的赔付数据在不同的年度存在的相依关系，本书基于多年期的索赔次数数据和索赔金额数据分别构建了最优奖惩系统，将先验费率厘定和经验费率厘定相结合，解决了保单重复奖励和惩罚的问题。针对索赔次数的最优奖惩系统的构建，本书将泊松—伽马分布推广到负二项—贝塔分布；针对索赔金额最优奖惩系统的构建，本书将指数—伽马分布推广到伽马—伽马分布和对数正态—正态分布，同时给出了最优奖惩系统对保单纯保费预测的显示表达式，并运用极大似然方法进行参数估计和模型预测。

基于我国一家财产保险公司在 2010~2015 年的保单赔付数据，本书应用该最优奖惩系统测算了我国商业车险的奖惩系数，同时引入索赔金额的最优奖惩系统，进一步完善了我国商业车险定价模型。另外，本书将测算结果与我国 2015 年的商业车险费率改革相关结果进行比较研究，指出了我国现行商业车险费率制度存在的问题并提出相应的建议，弥补了我国在车险费率厘定和奖惩系统相结合领域的相关研究的缺失。

第二章

传统的费率厘定模型

第一节　非寿险定价的相关概念

在非寿险精算中，保险公司主要的目标是根据保单的赔付数据为每款保险产品厘定相对合理的保费。保险产品的保费主要包括纯保费和附加保费，其中纯保费补偿保险公司的期望赔款支出，附加保费用于支付未来不确定风险所导致的额外赔付支出、经营管理费用和经营利润。通常情况下，保险产品的纯保费往往占到保费的60%左右，主要用于覆盖保险公司的期望赔付金额。因此，保险公司对纯保费预测是保险定价的关键和基础。

保险公司的赔付数据主要由保单的风险特征信息构成。风险特征信息主要包含三类协变量。第一类协变量主要用于描述保单投保人的风险特征，例如投保人的性别、年龄和职业等。第二类协变量主要用于描述保险标的的风险特征，例如在商业车险中车辆的型号、车龄、车辆购置价等。第三类协变量主要用于描述投保的区域或地理特征信息，例如投保人居住地区面积、人均收入等。保险公司进行费率厘定的目的是根据保单不同的风险特征信息划分不同的风险类别，对风险类别收取不同金额的保费。因此，赔付数据中包含的协变量也被称为费率因子（Rating Factor）或者风险因子（Risk Factor）。通常情况下，保单的赔付数据还包含保单的赔付信息，主要包括保单的风险暴露数

（Risk Exposure）、保单是否发生索赔、保单的索赔次数（Numbers of Claim）、每次发生索赔的赔付金额（Claim Amount）以及保单累积赔付额（Total Claim Amount）。

下面假设保单组合共包含 n 份保单，每份保单的损失观察值记为 (N_i, S_{ij}, x_i)，$i=1, 2, \cdots, n$；$j=1, 2, \cdots, N_i$。其中，N_i 表示第 i 份保单的索赔次数；S_{ij} 表示第 i 份保单第 j 次索赔的赔款金额；$x_i=(1, x_{i1}, x_{i2}, \cdots, x_{ik})$ 为协变量向量，表示第 i 份保单包含的 k 个协变量，协变量既可以为连续型变量，也可以为分类变量。表 2-1 给出了本书涉及的一些专业术语以及相应的数学表达式、含义和互相之间的关系。

表 2-1　非寿险精算中的相关概念

相关概念	数学符号	对应的关系	含义
风险暴露数	d_i	基本概念	风险暴露数在 0~1 取值。在汽车保险定价中的风险暴露数具体是指车龄
索赔次数	N_i		保单在投保期间发生的索赔次数
索赔金额	S_{ij}		保单每次发生索赔的赔付金额
索赔频率	$\dfrac{N_i}{d_i}$	索赔次数/风险暴露数	平均每个风险暴露数的索赔次数
索赔强度	$\dfrac{\sum_{j=1}^{N_i} S_{ij}}{N_i}$	累积赔付/索赔次数	在索赔发生的条件下，保单平均每次索赔的赔款金额
累积赔付	$\sum_{j=1}^{N_i} S_{ij}$	每次索赔金额之和	保单发生索赔金额的总和
纯保费	$\dfrac{\sum_{j=1}^{N_i} S_{ij}}{d_i}$	累积赔付/风险暴露数	平均每个风险暴露数的累积赔付额

第二节　广义线性模型

在非寿险费率厘定过程中，最常使用的是广义线性模型（Generalized Linear Models，GLM）。广义线性模型通常假设因变量服从指数分布族中的任意一种分布，比如属于连续型分布的正态分布、伽马分布和逆高斯分布，属于离散型分布的泊松分布以及属于复合分布的 Tweedie 分布。由于数据可能是二分类变量（如保单是否发生索赔）、计数型变量（如保单发生索赔的次数）或大于零的右偏型变量（如保单数据的损失金额），指数分布族非常适合描述保险赔付数据。

一、模型结构

广义线性模型是对线性回归模型的推广，主要体现在放宽了线性回归模型中正态分布的基本假设。广义线性模型假设因变量服从指数分布族，同时将因变量的拟合值表示为参数线性组合的一种函数。

为了方便介绍广义线性模型，首先假设 n 个相互独立的随机变量 $\{Y_i: i = 1, 2, \cdots, n\}$，并且服从指数分布族，其密度函数可以表示为：

$$f_Y(y_i; \theta_i, \phi) = \exp\left\{\frac{y_i\theta_i - b(\theta_i)}{\phi/\omega_i} + c(y_i, \phi)\right\} \qquad (2-1)$$

其中，$b(\theta_i)$ 和 $c(y_i, \phi)$ 为已知函数，分别对应指数分布族中不同的具体分布。θ_i 为自然参数（Natural Parameter）或者正则参数（Canonical Parameter），ϕ 为散度参数（Dispersion Parameter），ω_i 为已知的先验权重（Weight）。另外，对于指数分布族的有些分布而言，散度参数 ϕ 等于 1，例如正态分布和泊松分布，而有些分布的散度参数是需要估计的，例如伽马分布和逆高斯分布等。

指数分布族的均值和方差分别为：

$$E(Y_i) = \mu_i = b'(\theta_i)$$

$$\text{Var}(Y_i) = \frac{\phi}{\omega_i}b''(\theta_i)$$

其中，$b'(\theta_i)$ 和 $b''(\theta_i)$ 分别为 $b(\theta_i)$ 关于自然参数 θ_i 的一阶微分和二阶微分，同时 $b''(\theta_i)$ 也被称为方差函数。指数分布族的方差与自然参数 θ_i 有关，同时自然参数也与均值有关，所以指数分布族的方差也与均值有关。方差函数可以表示为均值的函数，即可以令 $b''(\theta_i) =$

$\nu(\mu_i)$，此时指数分布族的方差可以表示为：

$$\mathrm{Var}(Y_i) = \frac{\phi}{\omega_i}\nu(\mu_i)$$

与线性回归模型类似，若在指数分布族的均值部分引入协变量，可以构建广义线性模型：

$$g(\mu_i) = x_i\beta \qquad (2-2)$$

其中，g 被称为连接函数（Link Function）。$x_i = (1, x_{i1}, x_{i2}\cdots, x_{ik})$ 为协变量向量，$\beta = (\beta_0, \beta_1, \cdots, \beta_k)^T$ 为回归系数向量。$x_i\beta$ 为线性预测项。式（2-2）表明，因变量的拟合值经过连接函数 g 变换之后等于线性预测项。连接函数 g 为一个严格单调的函数，因此指数分布族的均值可以表示为 $\mu_i = h(x_i\beta) = g^{-1}(x_i\beta)$，其中 h 为连接函数的逆函数，也被称为响应函数（Response Function）。

因此，广义线性模型的结构主要分为以下三个部分：

（1）系统成分：与线性回归模型类似，广义线性模型的线性预测项仍然表示为 $x_i\beta$。

（2）随机成分：随机变量 Y_i 服从指数分布族，指数分布族的方差随着均值的变化而变化。

（3）连接函数：广义线性模型的连接函数主要用于描述线性预测项与均值之间的关系，连接函数的具体形式如表 2-2 所示。

表 2-2　连接函数的具体形式

名称	具体形式
恒等	$g(\mu_i) = \mu_i$
对数	$g(\mu_i) = \ln\mu_i$
幂函数	$g(\mu_i) = \mu_i^p$
平方根	$g(\mu_i) = \sqrt{\mu_i}$
Probit	$g(\mu_i) = \Phi^{-1}(\mu_i)$
Logit	$g(\mu_i) = \ln\dfrac{\mu_i}{1-\mu_i}$
log-log	$g(\mu_i) = -\ln[-\ln(\mu_i)]$
Complementary log-log	$g(\mu_i) = \ln[-\ln(1-\mu_i)]$

在实际运用中，与线性回归模型的不同之处在于，广义线性模型需要根据不同因变量的分布选择不同的 $b(\theta_i)$ 以及不同的连接函数 g。只要分布确定，$b(\theta_i)$ 的具体形式就与分布形成一对一的确定关系。另外，如果连接函数使得 $g(\mu_i) = \theta_i$ 成立，则相应的连接函数被称为正则连接函数（Canonical Link Function）。

二、参数估计

广义线性模型通常使用极大似然法估计回归参数和离散参数。假设因变量的第 i 个观察值为 y_i，且 n 个观测值 y_1，y_2，$\cdots$，y_n 之间相互独立，则它们的联合对数似然函数可以表示为：

$$\ell = \sum_{i=1}^{n} \left[\frac{y_i \theta_i - b(\theta_i)}{\phi/\omega_i} + c(y_i, \phi) \right] \tag{2-3}$$

运用极大似然估计需要满足式（2-3）达到最大值，通常运用的是 Newton-Raphson 迭代法或者迭代加权最小二乘估计算法（Iteratively Reweighted Least Squares）。可以发现，加权最小二乘法的估计表达式与线性回归模型中的最小二乘法具有相同的形式，不同之处在于需要迭代使用，因此被称为加权最小二乘法。该方法可适用于指数分布族的所有分布类型，在广义线性模型参数估计中被广泛使用。

运用 Newton-Raphson 迭代法和加权最小二乘法都可以得到广义线性模型的回归系数的估计值，离散参数不会影响回归系数的极大似然估计值。从理论上讲，完全可以运用极大似然法得到离散参数的估计值，即求解方程 $\partial\ell/\partial\phi = 0$ 即可。但是，在不同分布假设下，离散参数的估计并没有统一的估计表达式。因此，在实际运用中通常使用矩估计的方法。离散参数的矩估计公式可以表示为：

$$\hat{\phi} = \frac{1}{I-k-1} \sum_{i=1}^{n} \frac{\omega_i (y_i - \hat{\mu}_i)^2}{\nu(\hat{\mu}_i)} \tag{2-4}$$

其中，n 表示观察值个数，$k+1$ 表示模型中参数个数。

三、模型比较与评价

在广义线性模型的比较和评价体系中，通常运用偏差、信息准则和残差来进行模型评价与检验。对广义线性模型的拟合优度进行检验常用的方法是，同时将所建立的模型与饱和模型进行比较，其中饱和模型指的是可以对观测值完美拟合的模型，包含 I 个参数，即每个观测值对应一个参数，所以饱和模型的拟合值等于观测值。如果所建立的模型与饱和模型差异很小，意味着所建立的模型能够较好地拟合数据。

评价广义线性模型的工具主要包括尺度化偏差（Scaled Deviance）和残差偏差（Residual Deviance）。尺度化偏差可以定义为：

$$D^* = 2\left[\ell(\tilde{\beta}) - \ell(\hat{\beta})\right]$$

$$= \frac{2}{\phi} \sum_{i=1}^{n} \omega_i \{ y_i [g(y_i) - g(\hat{\mu}_i)] - b[g(y_i)] + b[g(\hat{\mu}_i)] \} \quad (2-5)$$

其中，$\hat{\beta}$ 为所建立模型参数的极大似然估计，$\tilde{\beta}$ 为饱和模型参数的极大似然估计。$\ell(\hat{\beta})$ 表示所建立模型的对数似然函数，$\ell(\tilde{\beta})$ 表示饱和模型的对数似然函数。表 2-3 显示了广义线性模型中指数分布族的尺度化偏差的数学表达式。如果所建立模型对数据的拟合效果较好，尺度化偏差应该近似服从自由度为 $n-k-1$ 的卡方分布：

$$D^* \sim \chi(n-k-1)$$

其中，n 为样本观测值数量，$k+1$ 为所建立模型的参数个数。

表 2-3 指数分布族的尺度化偏差

分布	尺度化偏差
正态分布	$\dfrac{1}{\phi} \sum\limits_{i=1}^{n} \omega_i (y - \hat{\mu}_i)^2$
泊松分布	$2 \sum\limits_{i=1}^{n} \omega_i \left[y_i \ln \dfrac{y_i}{\hat{\mu}_i} - (y_i - \hat{\mu}_i) \right]$
伽马分布	$\dfrac{2}{\phi} \sum\limits_{i=1}^{n} \omega_i \left[\dfrac{y_i - \hat{\mu}_i}{\hat{\mu}_i} - \ln \dfrac{y_i}{\hat{\mu}_i} \right]$
逆高斯分布	$\dfrac{1}{\phi} \sum\limits_{i=1}^{n} \dfrac{\omega_i (y_i - \hat{\mu}_i)^2}{y_i \hat{\mu}_i^2}$

由表 2-3 可知，广义线性模型的尺度化偏差的计算与离散参数 ϕ 有关。为了对广义线性模型的评价方式进行改进，消除离散参数的影响，可以使用残差偏差。残差偏差定义为离散参数与尺度化偏差的乘积，即：

$$D = \phi D^*$$

$$= 2 \sum_{i=1}^{l} \omega_i \{ y_i [g(y_i) - g(\hat{\mu}_i)] - b[g(y_i)] + b[g(\hat{\mu}_i)] \} \qquad (2\text{-}6)$$

式（2-6）表明，残差偏差的计算并不依赖于离散参数，所以可以直接基于模型的观测值和拟合值进行计算，但是在这种情况下残差偏差并不满足近似都服从卡方分布的性质。

另外，广义线性模型的离散参数除了运用公式计算得到，还可以基于残差偏差进行估计：

$$\hat{\phi} = \frac{1}{n-k-1} D \qquad (2\text{-}7)$$

在比较不同形式的广义线性模型的拟合效果时，通常使用 AIC 和 BIC 两种信息准则（Information Criterion）。AIC 和 BIC 信息准则分别定义为：

$$\text{AIC} = -2\ell + 2p$$
$$\text{BIC} = -2\ell + p\ln n \qquad (2\text{-}8)$$

其中，ℓ 为模型的对数似然值，p 为待估计参数的个数，n 为样本数。无论是 AIC 还是 BIC，它们的值越小，表明模型的拟合效果越好。

残差也是评价广义线性模型的重要工具之一。残差主要用于分析模型假设的合理性，其中主要包括分布假设的合理性和协变量选择的合理性，残差也可以用于识别异常点和强影响点，评价模型的整体拟合效果。在广义线性模型中，残差主要包含：原始残差（Raw Residuals）、皮尔逊残差（Pearson Residuals）、标准化皮尔逊残差（Standardized Pearson Residuals）、偏差残差（Deviance Residuals）以及随机分位残差（Quantile Residuals），其中偏差残差在广义线性模型的评价体系中十分重要。表 2-4 给出了不同类型残差的具体形式。

表 2-4 残差的具体形式

残差名称	具体形式
原始残差	$y_i - \hat{\mu}_i$
皮尔逊残差	$\dfrac{y_i - \hat{\mu}_i}{\sqrt{\nu(\hat{\mu})_i}}$
标准化皮尔逊残差	$\dfrac{y_i - \hat{\mu}_i}{\sqrt{\nu(\hat{\mu})_i(1-h_{ii})}}$
偏差残差	$\mathrm{sign}(y_i - \hat{\mu}_i) \times \sqrt{D_i}$
随机分位残差(连续型因变量)	$\Phi^{-1}[F(y_i;\hat{\mu}_i,\hat{\phi})]$
随机分位残差(离散型因变量)	$\Phi^{-1}[u_i]$

原始残差为观测值和拟合值之间的差异,其定义为:

$$r_i = y_i - \hat{\mu}_i \tag{2-9}$$

其中,y_i 为样本观测值,$\hat{\mu}_i$ 为广义线性模型的拟合值。

皮尔逊残差是对原始残差进行了尺度变换,其定义为:

$$r_i = \frac{y_i - \hat{\mu}_i}{\sqrt{\nu(\hat{\mu})_i}} \tag{2-10}$$

其中,$\nu(\hat{\mu})_i$ 为方差函数。皮尔逊残差使不同方差的观测值具有了可比性,因此皮尔逊残差与协变量或因变量之间的散点图可以揭示广义线性模型的方差和变量之间是否具有相依关系。同时,皮尔逊残差的散点图也能用于寻找样本数据中的异常值。

与线性回归模型类似,标准化皮尔逊残差是对皮尔逊残差进行标准化处理,其定义为:

$$r_i = \frac{y_i - \hat{\mu}_i}{\sqrt{\nu(\hat{\mu})_i \hat{\phi}(1-\hat{h}_{ii})}} \tag{2-11}$$

其中,$\hat{h}_{ii}$ 为广义线性模型的帽子矩阵对角线上第 i 个元素,也被称为第 i 个观测值的杠杆值。广义线性模型的帽子矩阵可以表示为:

$$\hat{H} = \hat{W}^{1/2} X (X \hat{W}^{1/2} X) X \hat{W}^{1/2}$$

其中,X 为模型的设计矩阵,$\hat{W}$ 为一个 $I \times I$ 的对角矩阵,具体形式为:

$$\hat{W} = \text{diag} \left\{ \frac{\omega_i}{\hat{\phi} \nu(\hat{\mu}_i) \left[g(\hat{\mu}_i) \right]^2} \right\}_{I \times I}$$

偏差残差是每个观测值对模型总残差的贡献，具体形式如下：

$$r_i = \text{sign}(y_i - \hat{\mu}_i) \times \sqrt{D_i} \qquad (2-12)$$

其中，$\text{sign}(y_i - \hat{\mu}_i)$ 表示如果观测值 y_i 大于拟合值 $\hat{\mu}_i$，那么 $\text{sign}(y_i - \hat{\mu}_i) = 1$；反之，如果观测值 y_i 小于拟合值 $\hat{\mu}_i$，那么 $\text{sign}(y_i - \hat{\mu}_i) = -1$。$D_i$ 表示第 i 个观测值的偏差，通过第 i 个观测值对应的饱和模型和所建立模型的对数似然值计算得到。偏差残差越大，表明观测值对模型的总偏差的贡献越大。

如果因变量为连续型变量，分位残差定义为：

$$r_i = \Phi^{-1} \left[F(y_i; \hat{\mu}_i, \hat{\phi}) \right] \qquad (2-13)$$

其中，F 为广义线性模型的分布函数，Φ^{-1} 为标准正态分布的分布函数的反函数。

如果因变量为离散型变量，分位残差也被称为随机分位残差，具体形式为：

$$r_i = \Phi^{-1} \left[u_i \right] \qquad (2-14)$$

其中，u_i 服从 $(a_i, b_i]$ 上的均匀分布，且下界 $a_i = \lim\limits_{y \to y_i} F(y; \hat{\mu}_i, \hat{\phi})$，上界 $b_i = F(y; \hat{\mu}_i, \hat{\phi})$。式（2-14）表明，当因变量为离散型变量时，随机分位残差服从标准正态分布，因此可以用于检验广义线性模型对离散型数据的拟合效果。

第三节　索赔频率预测模型

广义线性模型主要用于分析本身就不满足正态分布特征的数据，其中主要包括计数类型的数据和具有偏态特征的连续型类型的数据。在保险数据分析中，这两类数据分别对应保单的索赔次数数据和索赔金额数据。因此，广义线性模型通常作为保险产品的费率厘定的一种重要工具。

一、泊松回归模型

在汽车保险数据中，索赔次数为保险发生索赔的次数，索赔频率为平均每个车年的索赔次数。因此，保险公司进行费率厘定的目的主要是预测保险的索赔频率，其中广泛使用的是泊松回归模型，即假设索赔次数服从泊松分布。由于泊松分布属于指数分布族，泊松回归模型属于广义线性模型的一种，因此可以运用广义线性模型的基本框架进行参数估计和模型检验。

假设保单组合共包含 n 份保单，每份保单包含风险特征信息，可以用协变量x_i（$i=1$，2，$\cdots$，n）来表示。假设个体保单的索赔次数服从参数为 μ_i 的泊松分布，其中泊松分布的概率函数可以表示为：

$$\Pr(N_i = n_i) = \frac{\mu_i^{n_i}}{n_i!}\exp(-\mu_i) \qquad (2-15)$$

其中，$n_i = 0$，1，2，3，$\cdots$，表示第 i 份保单发生索赔次数的取值。泊松分布的均值和方差相等，均为μ_i。图 2-1 显示了泊松分布的参数取值为 1、2、5、10 情况下的概率函数图。从中可以看出，当泊松分布的均值取值较大时，泊松分布的概率函数趋于对称的形式。

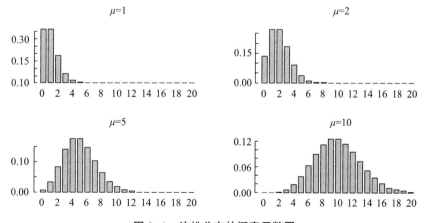

图 2-1　泊松分布的概率函数图

若对泊松分布的均值引入协变量，可以建立泊松分布假设下的广义线性模型：

$$g(\mu_i) = \eta_i = x_i\beta$$

其中，$x_i = (1, x_{i1}, x_{i2}\cdots, x_{ik})$ 为协变量向量，$\beta = (\beta_0, \beta_1, \cdots, \beta_k)^T$ 为回归系数向量，η_i 为线性预测项，g 为连接函数。在广义线性模型中，正则连接函数是使 $g(\mu_i) = \theta_i$ 的函数。在泊松分布假设下，$\theta_i = \ln(\mu_i)$，因此对应的正则连接函数为对数连接函数，即 $g(\mu_i) = \ln(\mu_i)$。

另外，在广义线性模型中，如果某个协变量的回归系数为已知的，就可以设定为抵消项（Offset），此时，在对数连接函数下，泊松分布假设下的广义线性模型可以改写为：

$$\mu_i = \exp(x_i\beta + \text{Offset}_i)$$

例如，在汽车保险索赔频率预测中，索赔频率等于索赔次数 y_i 与车年数 d_i 之比，在使用对数连接函数时，索赔频率预测模型可以表示为：

$$\ln\left(\frac{\mu_i}{d_i}\right) = x_i\beta$$

其中，μ_i 表示第 i 个风险类别的索赔次数，d_i 表示车年数，μ_i/d_i 表示期望索赔频率。

对上式进行简单变化后，得到：

$$\mu_i = \exp(x_i\beta + \ln d_i) = d_i\exp(x_i\beta)$$

其中，$\ln d_i$ 是广义线性模型中的抵消项。因此，期望索赔次数等于期望索赔频率与车年数的乘积，$\exp(x_i\beta)$ 是平均每个车年对应的索赔次数。

根据式（2-15），可以得到广义线性模型在泊松分布假设下的对数似然函数：

$$\ell(\beta; n_{i,i=1,2,\cdots,l}) = \sum_{i=1}^{l} n_i\log(\mu_i) - \ln\Gamma(n_i+1) - \mu_i$$

二、负二项回归模型

在非寿险精算中，保险公司保单的索赔次数的方差通常大于均值，即存在过离散的特点。泊松分布假设下的广义线性模型由于均值与方差相等，通常不能很好地拟合具有过离散特征的索赔次数数据。由于负二项分布的方差大于均值，因此在费率厘定过程中可以用负二项回归模型代替。

负二项分布是统计学上一种离散概率分布，可以看作是所有到成功 r 次时即终止的独立试验中，实验失败次数的分布，且实验成功的概率为 p。负二项分布包含参数 (p_i, r)，其概率函数表示为：

$$\Pr(N_i = n_i) = \binom{n_i + r - 1}{r - 1} p_i^r (1 - p_i)^{n_i}, \quad n_i = 0, 1, 2, \cdots \quad (2\text{-}16)$$

图 2-2 显示了负二项分布的参数 (p_i, r) 在不同取值情况下的概率函数图。

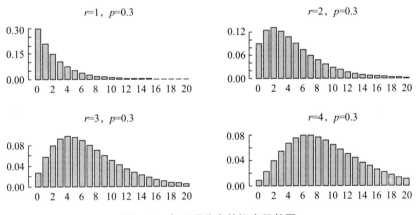

图 2-2　负二项分布的概率函数图

令 $\alpha = 1/r$，可以将上述负二项分布的概率函数用参数 (μ_i, α) 表示：

$$\Pr(N_i = n_i) = \frac{\Gamma(n_i + 1/\alpha)}{\Gamma(n_i + 1)\Gamma(1/\alpha)} \left(\frac{1}{1 + \alpha\mu_i}\right)^{1/\alpha} \left(\frac{\alpha\mu_i}{1 + \alpha\mu_i}\right)^{n_i}, \quad n_i = 0, 1, 2, \cdots$$

$$(2\text{-}17)$$

其中，负二项分布的均值与方差分别为 μ_i 和 $\mu_i + \alpha\mu_i^2$。

若对负二项分布的均值引入协变量，可以建立负二项分布假设下的广义线性模型：

$$g(\mu_i) = \eta_i = x_i\beta$$

其中，$x_i = (1, x_{i1}, x_{i2}, \cdots, x_{ik})$ 为协变量向量，$\beta = (\beta_0, \beta_1, \cdots, \beta_k)^T$ 为回归系数向量，η_i 为线性预测项，g 为连接函数。

根据式（2-17），可以得到负二项分布的对数似然函数：

$$\ell(\beta, \alpha; n_{i,i=1,2,\cdots,I}) = \sum_{i=1}^{I} n_i \ln\left(\frac{\alpha\mu_i}{1+\alpha\mu_i}\right) - \frac{1}{\alpha}\ln(1+\alpha\mu_i) +$$

$$\ln\Gamma\left(n_i + \frac{1}{\alpha}\right) - \ln\Gamma(n_i + 1) - \ln\Gamma\left(\frac{1}{\alpha}\right)$$

负二项分布同样属于指数分布族，负二项回归模型的参数估计和模型检验都可以在广义线性模型的框架下进行。与泊松回归模型类似，在费率厘定过程中运用负二项回归模型通常选择对数连接函数，即

$$\mu_i = d_i\exp(x_i\beta)$$

其中，d_i 表示第 i 份保单的车年数，$\exp(x_i\beta)$ 表示平均每个车年对应的索赔次数，即索赔频率预测值。

第四节 索赔强度（或金额）预测模型

在汽车保险中，每份保单都包含每次索赔发生时的赔付金额。假设保单组合包含 n 份保单，用随机变量 $N_i(i=1, 2, \cdots, n)$ 表示第 i 份保单的索赔次数，S_{ij} $(j=1, 2, \cdots, N_i)$ 表示第 i 份保单在第 j 次索赔的赔付金额。$\overline{S}_i$ 表示第 i 份保单的索赔强度，即在索赔发生的条件下，平均每次的赔付金额。索赔强度还可以表示为 $\overline{S}_i = \sum_{j=1}^{N_i} S_{ij}/N_i$。伽马分布和逆高斯分布属于指数分布族的一种，因此对索赔金额的预测可以运用广义线性模型的分析框架。

伽马分布和逆高斯分布主要用于描述大于零的连续型随机变量，所以伽马分布和逆高斯分布假设下的广义线性模型适用于对损失金额大于零的因变量建立预测模型。

一、伽马回归模型

在索赔金额预测模型中，通常假设第 i 份保单第 j 次索赔的赔付金额 S_{ij} 服从形状参数（Shape Parameter）为 α 和尺度参数（Scale Parameter）为 β 的伽马分布，其密度函数表示为：

$$f(s_{ij};\ \alpha,\ \beta) = \frac{1}{\Gamma(\alpha)\beta^{\alpha}}(s_{ij})^{\alpha-1}\exp\left(-\frac{s_{ij}}{\beta}\right) \tag{2-18}$$

其中，伽马分布的均值为 $\alpha\beta$，方差为 $\alpha\beta^2$。

运用广义线性模型对均值建立回归模型，需要将上述的伽马分布均值设定为一个参数。在上述密度函数表达式中，若令 $\mu=\alpha\beta$，$\sigma^2=1/\alpha$，则伽马分布的密度函数可以表示为：

$$f(s_{ij};\ \mu,\ \sigma) = \frac{1}{s_{ij}\Gamma(1/\sigma^2)}\left(\frac{s_{ij}}{\mu\sigma^2}\right)^{1/\sigma^2}\exp\left(-\frac{s_{ij}}{\mu\sigma^2}\right) \tag{2-19}$$

其中，伽马分布的均值为 μ，方差为 $\sigma^2\mu^2$。因此，μ 为伽马分布的均值参数，σ^2 为离散参数。在均值给定的情况下，离散参数 σ^2 越大，分布的离散程度越大，如图 2-3 所示，三个密度函数的均值都是 1，2，3，离散参数分别为 0.3、0.5、0.8。

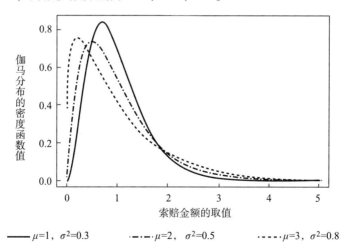

图 2-3　伽马分布概率密度图

若对伽马分布的均值参数引入协变量，可以建立伽马回归模型：

$$g(\mu_i) = \eta_i = x_i\beta$$

其中，$x_i = (1, x_{i1}, x_{i2}, \cdots, x_{ik})$ 为协变量向量，$\beta = (\beta_0, \beta_1, \cdots, \beta_k)^T$ 为回归系数向量，η_i 为线性预测项。

二、逆高斯回归模型

与伽马回归模型类似，逆高斯回归模型也适用于对索赔金额进行预测。与伽马分布相比，逆高斯分布具有尖峰厚尾的特点。因此，逆高斯分布在某些情况下更适合拟合具有尖峰厚尾特征的索赔金额数据。

假设索赔金额 S_{ij} 服从逆高斯分布。逆高斯分布包含两个参数：均值参数 μ_i 和尺度参数 σ，其密度函数可以表示为：

$$f(s_{ij}; \mu_i, \sigma) = \frac{1}{\sqrt{2\pi s_{ij}^3 \sigma^2}} \exp\left\{-\frac{(s_{ij}-\mu_i)^2}{2(\mu_i\sigma)^2 s_{ij}}\right\} \tag{2-20}$$

上述逆高斯分布的均值为 μ_i，方差为 $\sigma^2\mu_i^3$。

图 2-4 显示了尺度参数 σ 在不同取值下的密度函数图。可以发现，当尺度参数增大时，逆高斯分布的峰度逐渐增大。图 2-5 显示了在均值相等（均值为 100）、方差相等（方差为 2500）的条件下对伽马分布和逆高斯分布的密度函数。在均值和方差给定的条件下，逆高斯分布的峰度更尖，尾部更厚。

若对逆高斯分布的均值参数引入协变量，可以建立逆高斯回归模型：

$$g(\mu_i) = \eta_i = x_i\beta$$

其中，$x_i = (1, x_{i1}, x_{i2}\cdots, x_{ik})$ 为协变量向量，$\beta = (\beta_0, \beta_1, \cdots, \beta_k)^T$ 为回归系数向量，η_i 为线性预测项。

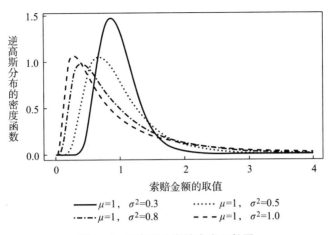

图 2-4 逆高斯分布的密度函数图

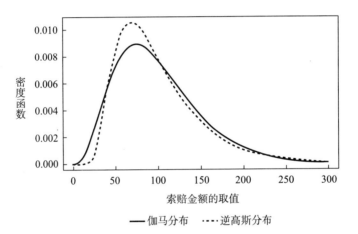

图 2-5 均值与方差给定条件下伽马分布与逆高斯分布的比较

第五节 纯保费预测模型

一、Tweedie 回归模型

在汽车保险费率厘定中，还有一种方法是运用 Tweedie 回归模型对保单的累积赔付额建立预测模型。保单的累积赔付额是指保单在一个保险期间的所有赔付额之和，譬如，对于没有发生索赔的保单，累计赔付额为零；对于发生两次索赔的保单，累积赔付额为这两个索赔金额之和。

假设第 i 份保单第 j 次索赔的赔款金额 S_{ij} 服从均值参数为 τ_i 和离散参数为 σ^2 的伽马分布，其中 τ_i 表示该保单的平均赔付金额（式（2-18）中伽马分布的密度函数）。假设该保单的索赔次数 N_i 服从均值为 $d_i\lambda_i$ 的泊松分布，其中 d_i 表示该保单所承保的车年数（一辆汽车承保一年就是一车年），λ_i 表示平均每个车年的索赔次数，则平均每个车年的赔付额 Y_i 可以表示为：

$$Y_i = \begin{cases} 0 & N_i = 0 \\ \dfrac{1}{d_i}\displaystyle\sum_{j=1}^{N_i} S_{ij} & N_i > 0 \end{cases}$$

在 S_{ij} 服从伽马分布、N_i 服从泊松分布的假设下，平均每个车年的赔付额 Y_i 服从首分布为泊松分布，次分布为伽马分布的复合分布。可以证明泊松—伽马的复合分布本质上就是 Tweedie 分布。Tweedie 分布属于指数分布族，其密度函数可以用指数分布族的密度形式表示：

$$f_{Y_i}(y_i;\ \mu_i,\ \phi,\ p) = \exp\left[\frac{d_i}{\phi}\left(\frac{-y_i}{(p-1)\ \mu_i^{p-1}} - \frac{\mu_i^{2-p}}{2-p}\right) + S(y_i;\ \phi/d_i)\right]$$

其中，

$$S(y_i;\ \phi/d_i) = \begin{cases} 0 & y = 0 \\ \ln\displaystyle\sum\left[\frac{(d_i/\phi)^{V(p-1)} y_i^{(2-p)/(p-1)}}{(2-p)\ (p-1)^{(2-p)/(p-1)}}\right]\frac{1}{n!\ \Gamma(n(2-p)(p-1))y} & y > 0 \end{cases}$$

Tweedie 分布包含三个参数：离散参数（ϕ）、均值参数（μ）和幂参数（p）。在上述 Tweedie 分布的密度函数中，车年数 d_i 对应指数分布族中的参数 ω_i，作为权重用于调节 Tweedie 分布的方差。Tweedie 分布通过幂参数 p 来调节分布的方差，并影响分布的过离散结构。譬如，当 $p=0$ 时，Tweedie 分布就退化为正态分布；当 $p=1$ 和 2 时，Tweedie 分布分别对应泊松分布和伽马分布；当 $p=3$ 时，Tweedie 分布就退化为逆高斯分布；当 $1<p<2$ 时，Tweedie 分布是泊松分布与伽马分布的复合分布。

Tweedie 分布的期望与方差分别表示为：

$$\mathrm{E}(Y_i)=\mu_i$$

$$\mathrm{Var}(Y_i)=\phi\mu_i^p/d_i$$

在 Tweedie 分布的均值参数中引入协变量，并使用对数连接函数，即可建立 Tweedie 回归模型：

$$\log(\mu_i)=\eta_i=x_i\beta$$

其中，$x_i=(1, x_{i1}, x_{i2}, \cdots, x_{ik})$ 为协变量向量，$\beta=(\beta_0, \beta_1, \cdots, \beta_k)^T$ 为回归系数向量，η_i 为线性预测项。

二、Tweedie 回归与泊松—伽马回归的关系

对保单纯保费进行预测时，通常有两种方法。第一种方法是分别预测索赔频率和索赔强度，即假设第 i 份保单第 j 次索赔的赔款金额 S_{ij} 服从参数为 (τ_i, σ) 的伽马分布，索赔次数 N_i 服从均值为 $d_i\lambda_i$ 的泊松分布，相当于假设保单的平均每个车年的赔付额 Y_i 服从复合泊松分布，相应的参数记为 $(\lambda_i, \tau_i, \sigma)$。第二种方法是可以假设保单的平均每个车年的赔付额 Y_i 服从 Tweedie 分布，建立 Tweedie 回归模型，模型相应的参数记为 (μ_i, p, ϕ)。因此，在索赔频率与索赔强度互相独立的假设下，两种模型是等价的，参数的对应关系如表 2-5 所示。

表 2-5　泊松—伽马与 Tweeide 的关系

由 PO-GA $(\lambda_i, \tau_i, \sigma)$ 的参数 推导出 Tweedie (μ_i, p, ϕ_i) 的参数	由 Tweedie (μ_i, p, ϕ_i) 的参数 推导出 PO-GA $(\lambda_i, \tau_i, \sigma)$ 的参数
$\mu_i=\lambda_i\times\tau_i$	$\lambda_i=\dfrac{\mu_i}{\phi(2-p)}$
$p=\dfrac{2\sigma^2+1}{1+\sigma^2}$	$\tau_i=\phi(2-p)\mu_i^{p-1}$
$\phi_i=\dfrac{\lambda_i^{1-p}(\tau_i)^{2-p}}{2-p}$	$\sigma^2=\dfrac{p-1}{2-p}$

第六节　本章小结

　　本章主要介绍了非寿险费率厘定（以汽车保险为主）过程中的损失预测模型。保单的费率厘定和纯保费预测都是在广义线性模型的框架下完成的。

　　广义线性模型是线性回归模型的扩展，将因变量服从正态分布的假设推广到了指数分布族中的任意分布，如泊松分布、负二项分布、伽马分布、逆高斯分布和 Tweedie 分布等。这些分布非常适合描述保险的赔付数据，使得广义线性模型成为预测保险数据损失的重要工具。

　　保险数据中的保单赔付信息主要包含保单的索赔次数、索赔金额和累积索赔额。相应地，费率厘定的目的就是预测保单的索赔频率、索赔强度，最终厘定相对合理的纯保费。对保单索赔频率的预测通常使用泊松分布假设下的广义线性模型，即泊松回归模型。当保单索赔次数数据存在过离散的特征时，可以运用负二项分布代替泊松分布。对保单索赔强度进行预测时，通常使用的是伽马回归模型。当保单的索赔金额呈现较为明显的尖峰厚尾特征时，还可以用逆高斯分布或者对数正态分布代替。对保单纯保费进行预测时，通常使用的是 Tweedie 回归模型。

第三章

空间相依的费率厘定模型

在非寿险费率厘定过程中，赔付数据通常包含空间变量，如损失发生的地区。在传统的广义线性模型中，通常把空间变量作为分类变量处理，没有考虑相邻地区的索赔频率可能存在的空间相依关系，这在一定程度上会损失数据中的部分重要信息。事实上，当某些地区的索赔数据较少时，就可以用相邻地区的索赔信息进行补充。换言之，由于相邻地区的交通状况和地理条件等风险因素具有较高的相似度，所以在预测模型时可以把相邻地区的索赔观察值作为重要的补充信息使用。

鉴于此，本章对传统的广义线性模型进行推广，分别构建了基于空间相依的索赔频率预测模型和基于空间相依的索赔强度预测模型。

在索赔频率预测模型中，本章将广义线性模型中指数分布族的泊松分布和负二项分布假设推广到零膨胀泊松分布和零膨胀负二项分布，建立了空间相依性模型。该模型用高斯马尔科夫随机场来描述相邻地区在索赔频率上的空间相依关系，用惩罚样条函数来描述连续型协变量对索赔频率的非线性影响，并用随机截距项描述索赔频率的空间分层结构。根据索赔次数数据的特点，本章分别在泊松分布、负二项分布、零膨胀泊松分布和零膨胀负二项分布的假设下建立了空间相依性模型，并基于一组实际的索赔次数数据进行实证研究。实证研究结果表明，空间相依性模型的拟合优度明显优于传统的广义线性模型。

在索赔强度预测模型中，本章将指数分布族的伽马分布和逆高斯分布假设推广到偏 T 分布，用惩罚样条函数代替多项式函数来描述连续型协变量对索赔强度的非线性影响，并通过高斯马尔科夫随机场来描述相邻地区在索赔强度上的相依性。根据索赔强度数据的特点，本章在实证研究中分别基于偏 T 分布、对数正态分布、逆高斯分布和伽马分布建立了考虑空间效应的索赔强度模型。结果表明，对于尖峰厚尾的索赔强度数据，基于偏 T 分布的空间效应模型明显优于传统的索赔强度模型。

第一节　GAMLSS 模型的一般形式

一、GAMLSS 模型设定

GAMLSS 是广义线性模型的推广，能够处理保险数据更为复杂的情况。假设模型包含 n 个互相独立的观测值 y_1，y_2，$\cdots$，y_n 且具有相同的密度函数形式。在给定参数 θ_k 的条件下，密度函数可以表示为 $f(y_i|\theta_k)$，其中 $k=1$，2，3，$\cdots$，p。为了模型更加直观，下面用向量 $y=(y_1$，y_2，$\cdots$，$y_n)^T$ 表示因变量的观测值，$g_k(\cdot)$ 表示参数 θ_k 连接函数，可以构建模型中第 k 个参数 θ_k 与协变量的关系，即 GAMLSS 模型的一般形式可以表示为：

$$g_k(\theta_k)=\eta_k=x_k\beta_k+\sum_{j=1}^{J_k}z_{jk}\gamma_{jk}, \quad k=1, 2, 3, \cdots, p \qquad (3-1)$$

其中，θ_k 和 η_k 为 $n\times1$ 维的向量，η_k 为模型的线性预测项。β_k 为 $(J'_k+1)\times1$ 维的向量，表示模型的回归系数。x_k 为 $n\times(J'_k+1)$ 维的矩阵，表示协变量的设计矩阵。换言之，模型第 k 个参数 θ_k 可以用 J'_k 个协变量来描述。γ_{jk} 为 $q_{jk}\times1$ 维的随机效应向量，z_{jk} 为 $n\times q_{jk}$ 维的随机效应设计矩阵。因此，模型的矩阵形式可以表示为：

$$g(\theta_k) = g \begin{bmatrix} \theta_{1k} \\ \theta_{2k} \\ \vdots \\ \theta_{nk} \end{bmatrix}_{n \times 1} = \eta_k = \begin{bmatrix} \eta_{1k} \\ \eta_{2k} \\ \vdots \\ \eta_{nk} \end{bmatrix}_{n \times 1}$$

另外，x_k 和 z_{jk} 的矩阵形式可以表示为：

$$x_k = \begin{bmatrix} 1 & x_{11} & \cdots & x_{1J'_k} \\ \vdots & \vdots & \ddots & \vdots \\ 1 & \cdots & \cdots & x_{nJ'_k} \end{bmatrix}_{n \times (J'_k+1)} \quad z_{jk} = \begin{bmatrix} z_{11} & \cdots & z_{1J_k} \\ \vdots & \ddots & \vdots \\ z_{1J_k} & \cdots & z_{nJ_k} \end{bmatrix}_{n \times J_k}$$

若当 $k = 1, 2, \cdots, p$ 且 $J_k = 0$ 时，式（3-1）的 GAMLSS 模型可以简化为完全参数模型（Fully Parametric GAMLSS Model）：

$$g_k(\theta_k) = x_k \beta_k, \quad k = 1, 2, 3, \cdots, p \qquad (3-2)$$

若当 $k = 1, 2, \cdots, p$，$z_{jk} = I_n$，并且对于所有的 j 和 k 都满足 $\gamma_{jk} = h_{jk}(x_{jk})$，式（3-2）的 GAMLSS 模型可以简化为半参数模型（Semiparametric GAMLSS Model）：

$$g_k(\theta_k) = x_k \beta_k + \sum_{j=1}^{J_k} h_{jk}(x_{jk}), \quad k = 1, 2, 3, \cdots, p \qquad (3-3)$$

其中，I_n 为 $n \times n$ 的单位矩阵，$h_{jk}(x_{jk})$ 为关于协变量 x_{jk} 未知的函数形式。

通常情况下，观测值 y_i 的密度函数最多包含 4 个参数，分别用 θ_1，θ_2，θ_3，θ_4 表示。在 GAMLSS 模型框架下，θ_1 被称为位置参数，θ_2 被称为尺度参数，θ_3 和 θ_4 为分布的其他参数。因此，GAMLSS 模型也可以简化为：

$$\begin{cases} g_1(\theta_1) = x_1 \beta_1 + \displaystyle\sum_{j=1}^{J_1} z_{j1} \gamma_{j1} \\[3mm] g_2(\theta_2) = x_2 \beta_2 + \displaystyle\sum_{j=1}^{J_2} z_{j2} \gamma_{j2} \\[3mm] g_3(\theta_3) = x_3 \beta_3 + \displaystyle\sum_{j=1}^{J_3} z_{j3} \gamma_{j3} \\[3mm] g_4(\theta_4) = x_4 \beta_4 + \displaystyle\sum_{j=1}^{J_4} z_{j4} \gamma_{j4} \end{cases}$$

GAMLSS 模型是广义线性模型的推广，其密度函数形式不再局限于指数分布族。GAMLSS 模型中密度函数所有的参数都可以引入协变量，并且模型的预测项也可以表示为更为复杂的形式。例如，GAMLSS 模型在预测项中引入样条形式（Splines）用于描述连续型协变量的非线性效应，也可以在预测项中引入随机效应（Random Effect）来描述数据的分层结构。因此，关于 GAMLSS 模型中预测项的扩展都可以用式中的可加项 $z_{jk}\gamma_{jk}$（$j=1$, 2, $\cdots$, J_k）来构建。

二、经验贝叶斯估计与惩罚似然函数

下面运用经验贝叶斯方法对 GAMLSS 模型进行参数估计和模型检验。为了得到回归参数 β_k 和 γ_{jk}（$j=1$, 2, $\cdots J_k$, $k=1$, 2, $\cdots$, p）的最大后验估计值（Maximuma Posteriori Estimation），通常假设随机效应 γ_{jk} 服从均值为 0、协方差矩阵为 G_{jk}^{-} 的正态分布，即 $\gamma_{jk} \sim N(0, G_{jk}^{-})$。$G_{jk}^{-}$ 为 $q_{jk} \times q_{jk}$ 维的对称矩阵，且是矩阵 G_{jk} 的逆矩阵，其中 $G_{jk} = G_{jk}(\lambda_{jk})$ 依赖于超参数 λ_{jk}。若 G_{jk} 为奇异矩阵，则随机效应 γ_{jk} 的密度函数与 $\exp\left(-\dfrac{1}{2}\gamma_{jk}^{T} G_{jk} \gamma_{jk}\right)$ 是等价的。

在此基础上，GAMLSS 模型可以分解为六个部分：

（1）因变量：y。

（2）回归参数设计矩阵：$X = (X_1, X_2\cdots, X_p)$。

（3）回归参数：$\beta^T = (\beta_1^T, \beta_2^T, \cdots, \beta_p^T)$。

（4）随机效应设计矩阵：$z = (z_{11}, z_{21}, \cdots, z_{J_1 1}, \cdots, z_{1p}, z_{2p}, \cdots, z_{J_p p})$。

（5）随机效应：$\gamma^T = (\gamma_{11}^T, \gamma_{21}^T, \cdots, \gamma_{J_1 1}^T, \cdots, \gamma_{1p}^T, \gamma_{2p}^T, \cdots, \gamma_{J_p p}^T)$。

（6）超参数：$\lambda^T = (\lambda_{11}^T, \lambda_{21}^T, \cdots, \lambda_{J_1 1}^T, \cdots, \lambda_{1p}^T, \lambda_{2p}^T, \cdots, \lambda_{J_p p}^T)$。

根据模型的设定，所有参数的联合密度函数可以表示为：

$$f(y, \beta, \gamma, \lambda) = f(y|\beta, \gamma)f(\gamma|\lambda)f(\lambda)f(\beta)$$

其中，$f(\lambda)$ 和 $f(\beta)$ 为参数的先验分布。在参数估计过程中，通常假设超参数 λ 为固定常数，回归参数 β 互相独立且服从均值为 0、方差为常数的正态分布。因此，回归参数 β 和随机效应 γ 的后验分布可以表示为：

$$f(\beta, \gamma | y, \lambda) \propto f(y | \beta, \gamma) f(\gamma | \lambda)$$

假设在给定参数 (β, γ) 的条件下，观测值 $y_1, y_2, \cdots, y_n$ 的密度函数相互独立，且随机效应 $\gamma_{jk} \sim N(0, G_{jk}^-)$，模型的对数似然函数可以表示为：

$$\log f(\beta, \gamma | y, \lambda) = \log f(y | \beta, \gamma) + \log f(\gamma | \lambda) = \ell_p + c(y, \lambda)$$

其中，$c(y, \lambda)$ 是与观测值 y 和超参数 λ 有关的函数。在超参数给定的情况下，$c(y, \lambda)$ 的具体形式是已知的。因此，模型的对数似然函数仅与 ℓ_p 有关，ℓ_p 的具体形式为：

$$\ell_p = \sum_{i=1}^{n} \log f(y_i | \theta^i) - \frac{1}{2} \sum_{k=1}^{p} \sum_{j=1}^{J_k} \gamma_{jk}^{\mathrm{T}} G_{jk} \gamma_{jk} \qquad (3\text{-}4)$$

其中，$\theta^i = (\beta^i, \gamma^i)$，$i = 1, 2, \cdots, n$。式（3-4）相当于在对数似然函数 $\log f(y | \beta, \gamma)$ 上施加了一个惩罚项，因此 ℓ_p 也被称为惩罚似然函数。求得的回归参数 β 和随机效应 γ 的最大后验估计值，相当于极大化式的惩罚似然函数。极大化惩罚似然函数通常使用的是 RS 和 CG 算法，超参数 λ 的估计可以采用轮廓边界似然估计（Profile Marginal Likelihood）等方法，迭代算法的详细步骤可以参考 Rigby 和 Stasinopoulos（2005）。

第二节 空间相依的 GAMLSS 模型

在费率厘定模型中，通常使用的协变量有两类，即连续型协变量和分类协变量。连续型协变量对因变量往往具有非线性效应，通常的处理方法是将该变量表示成多项式的形式。但是，低阶的多项式不够灵活，无法捕捉到数据中的所有变异性，而高阶的多项式又很不稳定，容易受到异常值的影响。如果对连续型协变量建立样条函数，就可以更加灵活地描述该变量的非线性影响。

在费率厘定过程中，除了连续型协变量和一般的分类协变量，另外一种重要的协变量是空间协变量，如损失发生的地区。传统的广义线性模型通常将空间变量作为一般的分类变量处理，没有考虑相邻地区的索赔强度由于地理条件方面的相似性而可能存在的相依关系。

本节在 GAMLSS 模型的框架下，用惩罚样条函数代替多项式函数来描述连续型协变量对索赔强度的非线性影响，通过高斯马尔科夫随机场来描述保险赔付数据在相邻地区的相依性，并用空间变量进行数据分层，考虑赔付数据在不同地区的差异性，进一步构建了基于非线性效应和空间效应的 GAMLSS 模型。

一、空间相依模型的构建

考虑空间效应的费率厘定模型允许协变量对因变量存在多种不同形式的非线性影响。因变量的概率函数不再局限于指数分布族，而是适用于多种形式的分布类型，如索赔次数服从零膨胀泊松分布和零膨胀负二项分布，索赔强度用对数正态分布或者偏 T 分布进行拟合。

下面用随机变量 y_i 表示第 i 份保单的索赔次数或索赔强度，且假设因变量 y_i 服从包含四个参数的损失分布，其中分布参数表示为 μ_i，σ，τ，ν。若仅在均值参数 μ_i 中引入协变量，其余参数都假设为不随协变量变化的待估计参数。

GAMLSS 模型的一般形式可以简化为：

$$y_i \sim F(\mu_i, \sigma, \tau, \nu)$$

$$g(\mu) = \eta = \underbrace{x\beta}_{\text{线性效应}} + \underbrace{\underbrace{z_1 \gamma_1 + z_2 \gamma_2 + \cdots + z_J \gamma_J}_{\text{非线性效应}} + \underbrace{z_{random}\gamma_{random}}_{\text{空间相依效应}} + \underbrace{z_{mrf}\gamma_{mrf}}_{\text{空间分层效应}}}_{\text{空间效应}}$$

$$(3-5)$$

其中，y_i 表示第 i 个观测值，F 表示其分布函数，μ 表示分布函数的均值参数向量，g 表示连接函数，x 表示分类协变量的设计矩阵，

β 表示普通回归参数。相应的矩阵具体形式如下：

$$\mu = \begin{bmatrix} \mu_1 \\ \mu_2 \\ \vdots \\ \mu_n \end{bmatrix}_{n \times 1} \quad x = \begin{bmatrix} 1 & x_{11} & \cdots & x_{1q} \\ \vdots & \vdots & \ddots & \vdots \\ 1 & x_{1q} & \cdots & x_{nq} \end{bmatrix}_{n \times (q+1)} \quad \beta = \begin{bmatrix} \beta_0 \\ \beta_1 \\ \vdots \\ \beta_q \end{bmatrix}_{(q+1) \times 1}$$

式（3-5）表明，模型的预测项 η 包含三部分：线性效应 $x\beta$、非线性效应 $z_1 \gamma_1 + z_2 \gamma_2 + \cdots + z_J \gamma_J$ 和空间效应 $z_{random} \gamma_{random} + z_{mrf} \gamma_{mrf}$。对于具有非线性效应的连续型协变量，通常使用平滑样条来描述，譬如，多项式样条或惩罚样条。对于空间效应，可以使用高斯马尔科夫随机场与独立同分布的随机效应之和来描述，其中高斯马尔科夫随机场用于描述相邻地区在赔付上的相依性，而独立同分布的随机效应用于描述不同地区在赔付数据上的差异性，也可以表示赔付数据在地区之间的分层效应。因此，z_1，z_2，$\cdots$，z_J 为 J 个连续型协变量的设计矩阵，γ_1，γ_2，$\cdots$，γ_J 为非线性回归系数向量，$z_j \gamma_j$ 为第 j 个连续型协变量的非线性效应。z_{random} 和 z_{mrf} 分别为空间效应的设计矩阵，γ_{random} 和 γ_{mrf} 分别为独立同分布的随机效应和具有空间相依的随机效应。

在式（3-5）中，如果删除非线性效应和空间效应，且假设因变量的分布 F 服从指数分布族，即可得到广义线性模型，模型形式可以表示为：

$$y_i \sim F(\mu_i, \phi)$$
$$g(\mu) = \eta = x\beta$$

其中，μ_i 为指数分布族的均值参数，ϕ 为指数分布族的离散参数。

二、非线性效应

在费率厘定过程中，为了描述连续型协变量对预测项的非线性效应，通常的做法是将连续型协变量在其值域上划分为多个等距区间，每个区间上的观测值都可以以一个基础函数去近似逼近。此时，连续型协变量的非线性效应可以表示成基础函数的线性组合，即：

$$z_j \gamma_j = \gamma_{j1} B_{j1}(m_j) + \gamma_{j1} B_{j2}(m_j) \cdots + \gamma_{j1} B_{jH}(m_j) = \sum_{h=1}^{H} \gamma_{jh} B_{jh}(m_j), \quad j=1, 2,$$

3, $\cdots$, J, $h=1$, 2, 3, $\cdots$, H

其中，m_j 为第 j 个连续型协变量，$\gamma_j = (\gamma_{j1}, \gamma_{j2}, \cdots, \gamma_{jH})^T$ 是非线性回归系数，$z_j = [B_{j1}(m_j), B_{j2}(m_j), \cdots, B_{jH}(m_j)]$ 为基础函数向量，H 为区间节点的数量。

描述非线性效应的基础函数有很多种，最经常使用的是惩罚 B 样条函数。惩罚 B 样条需要对其设定自由度、阶数和节点数量。为了简化模型的数学表述，下面将下标 j 进行简化，用 $B_h(m)$ 表示第 j 个协变量的基础函数。

首先，选择合适的节点数量，将连续型协变量划分为若干区间，节点的位置表示为 k_1, k_2, $\cdots$, k_H。

其次，选择合适的自由度。当自由度选择为 0 时，惩罚 B 样条的基础函数可以表示为：

$$B_h^l(m) = \begin{cases} 1, & k_h, \ m < k_{h+1} \\ 0, & 其他 \end{cases}, \quad h=1, 2, \cdots, H-1, \ l=0$$

其中，上标 l 为自由度。当自由度大于 0 时，惩罚 B 样条的基础函数可以表示为：

$$B_h^l(m) = \frac{m-k_{h-l}}{k_h-k_{h-l}} B_{h-1}^{l-1}(m) + \frac{k_{h+1}-m}{k_{h+1}-k_{h+1-l}} B_h^{l-1}(m), \quad l \geqslant 1$$

因此，惩罚 B 样条的基础函数定义如下：

$$B_h^l(m) = \begin{cases} B_h^0(z) = \begin{cases} 1, & k_h, \ z < k_{h+1} \\ 0, & 其他 \end{cases}, \quad h=1, 2, \cdots, H-1, \quad l=0 \\ \dfrac{m-k_{h-l}}{k_h-k_{h-l}} B_{h-1}^{l-1}(m) + \dfrac{k_{h+1}-m}{k_{h+1}-k_{h+1-l}} B_h^{l-1}(m), \quad\quad\quad l>0 \end{cases}$$

另外，惩罚 B 样条的阶数需要在先验分布中设定，一般选择为一阶或者二阶。由本章第一节第二部分可知，在经验贝叶斯估计框架下，需要给出非线性回归系数 $\gamma_j = (\gamma_{j1}, \gamma_{j2}, \cdots, \gamma_{jH})^T$ 的先验分布，通常假设：

$$p(\gamma_j | \lambda_j^2) \propto \left(\frac{1}{\lambda_j^2}\right)^{rank(G_j)/2} \exp\left(-\frac{1}{2\lambda_j^2}\gamma_j' G_j \gamma\right), \ j=1,\ 2,\ \cdots,\ J$$

其中，非线性回归系数 γ_1，γ_2，$\cdots$，γ_J 对应 J 个连续型协变量，G_j 为惩罚矩阵，$rank(G_j)$ 为惩罚矩阵的秩，λ_j^2 为超参数。惩罚矩阵 G_j 可以使用一阶惩罚矩阵 G_j^1 或二阶惩罚矩阵 G_j^2，分别对应一阶惩罚 B 样条和二阶惩罚 B 样条。惩罚矩阵的具体形式为：

$$G_j^1 = \begin{pmatrix} 1 & -1 & & & & \\ -1 & 2 & -1 & & & \\ & \ddots & \ddots & \ddots & & \\ & & -1 & 2 & -1 \\ & & & -1 & 1 \end{pmatrix}_{H \times H}$$

$$G_j^2 = \begin{pmatrix} 1 & -2 & 1 & & & & \\ -2 & 5 & -4 & 1 & & & \\ 1 & -4 & 6 & -4 & 1 & & \\ & \ddots & \ddots & \ddots & \ddots & \ddots & \\ & & 1 & -4 & 6 & -4 & 1 \\ & & & 1 & 4 & 5 & -2 \\ & & & 1 & -2 & 1 \end{pmatrix}_{H \times H} \tag{3-6}$$

三、空间效应

在空间效应部分，可以用独立同分布的随机效应和高斯马尔科夫随机场进行描述。对于离散型的空间协变量，假设数据中包含 d 个地区，第 s 个地区的回归系数为 γ_s，则高斯马尔科夫随机场的随机效应可以表示为 $\gamma_{mrf} = (\gamma_1^{mrf},\ \cdots,\ \gamma_s^{mrf},\ \cdots,\ \gamma_d^{mrf})^T$，地区分层的随机效应可以表示为 $\gamma_{random} = (\gamma_1^{random},\ \cdots,\ \gamma_s^{random},\ \cdots,\ \gamma_d^{random})^T$。此时，高斯马尔科夫随机场下通常假设 γ_{mrf} 的先验分布为：

$$p(\gamma_{mrf} | \lambda_{mrf}^2) \propto \left(\frac{1}{\lambda_{mrf}^2}\right)^{(d-1)/2} \exp\left(-\frac{1}{2\lambda_{mrf}^2}\gamma_{mrf}^T G_{mrf} \gamma_{mrf}\right) \tag{3-7}$$

其中，λ_{mrf}为超参数，G_{mrf}为空间效应的惩罚矩阵。空间效应的惩罚矩阵第 s 行第 r 列的元素定义为：

$$G_{mrf}\ [s,\ r]=\begin{cases}-1, & s\neq r,\ s\sim r\\ 0, & s\neq r,\ s-r\\ |N(s)|, & s=r\end{cases}$$

其中，$s\sim r$ 表示地区 s 和地区 r 是相邻的，$s-r$ 表示地区 s 与地区 r 不相邻，$s\neq r$ 表示 s 与 r 是两个不同的地区。$N(s)$ 为与地区 s 相邻的地区的个数。

独立同分布的随机效应通常假设γ_{random}的先验分布为：

$$p\ (\gamma_{random}\ |\ \lambda_{random}^{2})\ \propto\left(\frac{1}{\lambda_{random}^{2}}\right)^{(d-1)/2}\exp\left(-\frac{1}{2\lambda_{random}^{2}}\gamma_{random}^{T}G_{random}\gamma_{random}\right)$$

其中，G_{random}为地区分层效应的惩罚矩阵。由于 $(\gamma_{1}^{random},\ \cdots,\ \gamma_{s}^{random},\ \cdots,\ \gamma_{d}^{random})$ 满足独立同分布的假设，其惩罚矩阵G_{random}为 $d\times d$ 维的单位矩阵，即

$$G_{random}=\begin{bmatrix}1 & & & \\ & 1 & & \\ & & \ddots & \\ & & & 1\end{bmatrix}_{d\times d}$$

四、惩罚似然函数

在此基础上，基于空间相依的 GAMLSS 模型的惩罚似然函数可以简化为：

$$\ell_{p}=\sum_{i=1}^{n}\log f(y_{i}|\mu_{i},\ \sigma,\ \tau,\ \nu)$$
$$-\frac{1}{2}\Big[\sum_{j=1}^{J}\gamma_{j}^{T}G_{j}\gamma_{j}+\gamma_{mrf}^{T}G_{mrf}\gamma_{mrf}+\gamma_{random}^{T}G_{random}\gamma_{random}\Big] \tag{3-8}$$

其中，f 为因变量 y_{i} 的分布的密度函数值。γ_{j} 为第 j 个连续型协变量的非线性回归系数向量。G_{j} 为对应 B 惩罚样条函数中的惩罚矩阵，可以选择一阶惩罚矩阵和二阶惩罚矩阵。G_{mrf}为空间效应的惩罚

矩阵，G_{random} 为地区分层效应的惩罚矩阵。极大化式的惩罚似然函数就可以得到模型相应参数的估计值。

第三节 零膨胀分布假设下的空间相依模型

一、索赔次数分布

在非寿险索赔频率预测中，最常使用的广义线性模型是泊松回归，该模型假设索赔次数服从泊松分布。在实际的索赔次数数据中，由于某些不可观测的风险因素的影响，每个风险类别内部仍然存在风险异质性，即表现出过离散特征。此外，由于受免赔额和无赔款优待条款的影响，大量保单在保险期间可能不会发生任何索赔，这使得索赔次数的观察值在零点有一个很高的概率堆积，远远大于泊松分布在零点可能达到的概率值。在这两种情况下，泊松回归模型都将不再适用于索赔频率预测。负二项分布是一种混合泊松分布，能够更好地拟合过离散的索赔次数数据，因此，对于过离散的索赔次数数据，可以用负二项回归代替泊松回归，而对于零值较多的索赔次数数据，可以建立零膨胀泊松回归或零膨胀负二项回归。

零膨胀泊松分布和负二项分布不属于指数分布族，因此不能运用广义线性模型的分析框架。GAMLSS 模型可以看作是广义线性模型的推广，在索赔频率预测过程中可以直接运用 GAMLSS 的框架建立零膨胀泊松回归模型和零膨胀负二项回归模型。

当索赔次数存在零膨胀特征时，需要使用零膨胀分布。常用的零膨胀分布有零膨胀泊松分布与零膨胀负二项分布。零膨胀泊松分布是伯努利分布和泊松分布的混合分布，其中伯努利分布用于描述保单是否发生索赔。零膨胀泊松分布包含均值参数 μ 与零膨胀参数 π，其概率函数可以表示为：

$$\Pr[N=k] = \begin{cases} \pi + (1-\pi)\exp(-\mu), & k=0 \\ (1-\pi)\dfrac{\exp(-\mu)\mu^k}{k!}, & k=1,2,\cdots \end{cases} \tag{3-9}$$

零膨胀泊松分布的均值和方差分别为：

$$E[N] = (1-\pi)\mu,$$

$$\text{Var}[N] = \mu(1-\pi)(1+\pi\mu)$$

零膨胀负二项分布是伯努利分布和负二项分布的混合分布，包含均值参数 μ、离散参数 α 和零膨胀参数 π，其概率函数可以表示为：

$$\Pr[N=k] = \begin{cases} \pi+(1-\pi)[1+\alpha\mu]^{-1/\alpha}, & k=0 \\ (1-\pi)\dfrac{\Gamma(k+1/\alpha)}{\Gamma(k+1)\Gamma(1/\alpha)}[1+\alpha\mu]^{-1/\alpha}[\alpha\mu/(1+\alpha\mu)]^k, & k=1,2,\cdots \end{cases}$$

$$(3-10)$$

零膨胀负二项分布的均值和方差分别为：

$$E[N] = (1-\pi)\mu$$

$$\text{Var}[N] = \pi\mu+\alpha\pi(1-\pi)\mu^2$$

二、空间相依性模型估计结果

下面应用我国一家财产保险公司的车损险索赔次数数据来研究空间相依性模型在索赔频率预测中的应用，并将其与传统的广义线性模型进行比较。表3-1给出了该组数据的概要信息，包含5个协变量，分别是保单类型、车主性别、车主年龄、车龄和居住地区，其中车主年龄和车龄是连续型变量，保单类型和车主性别是分类变量，居住地区是空间变量。另外，该组数据的保单风险单位数（车辆数）都为1。

表3-1　变量描述与说明

变量	变量描述	变量水平	变量类型
Vage	车龄	—	连续型变量
Age	车主年龄	—	连续型变量
Type	保单类型	新车、续保一年、续保两年、续保三年及以上	分类变量
Gender	性别	男性、女性	分类变量
District	地区	共23个省份	空间变量

原始数据中共有24408条记录，索赔次数的最大值为9，最小值

为 0，其中有 44150 份保单未发生索赔，占保单总数的 57.2%，表明索赔次数数据在零点有一个较大的概率堆积。车龄的最大值为 10 年，大部分集中在 0~4 年。车主年龄的最小值为 18 周岁。如果分别用泊松分布、负二项分布、零膨胀泊松分布与零膨胀负二项分布拟合索赔次数的观察值，它们的 AIC 统计量分别为 55408、54379、54335 和54299，表明零膨胀负二项分布对这组索赔次数数据的拟合效果最优。

以索赔次数作为因变量，对年龄进行平滑处理，考虑相邻地区在索赔频率上的空间相依关系，用地区变量对数据进行分层，即通过随机截距表示不同地区在索赔频率上的差异，则可以建立如下的空间相依模型：

$$N_i \sim F(\mu_i)$$

$$\ln(\mu_i) = \eta_i = \beta_0 + \beta_1 \times 保单类型（续保一年）+ \beta_2 \times$$

$$保单类型（续保两年）+ \beta_3 \times 保单类型（续保三年及以上）+$$

$$\beta_4 \times 保单类型（新车）+ \beta_5 \times 性别（女性）+$$

$$f_1（年龄）+ f_{random}（地区）+ f_{mrf}（地区）+ \ln(e_i) \qquad (3-11)$$

其中，因变量 N_i 服从泊松分布、负二项分布、零膨胀泊松分布和零膨胀负二项分布，仅在均值参数 μ_i 中引入协变量，分布的其他参数保持不变。因此，μ_i 也表示第 i 份保单的索赔频率预测值，这就表明索赔频率受保单类型、性别、年龄与地区变量的影响。保单类型和性别为分类变量，将保单类型中的"转入"和性别变量中的"男性"作为基准水平。对年龄引入惩罚样条函数。f_1 惩罚样条函数可以写成如式（3-11）所示的基础函数的线性组合。在建模过程中，基础函数使用 B 样条基础函数，节点数量为 20 个，样条的自由度为 3，阶数为 2。f_{mrf}（地区）为空间相依效应，通过高斯马尔科夫随机场构建，主要用于描述相邻地区在索赔频率上的空间相依性。f_{random}（地区）为空间分层效应，也称为随机截距项，即把空间变量作为独立同分布的随机效应处理，主要用于描述不同地区在索赔频率上的差异性。e_i 表示第 i 份保单的风险单位数（即车年数）。在本组数据中，每份保单的风险单位数都为 1。

本节在经验贝叶斯分析框架的基础上，极大化式的惩罚似然函数，运用 RS 和 CG 的混合算法估计模型参数，并用 AIC 和 BIC 统计量评价和比较模型的拟合优度。表3-2列出了空间相依性模型在不同分布假设下的 AIC 值和 BIC 值。

表3-2　模型的拟合优度比较

模型	模型自由度	AIC	BIC
泊松分布假设下的广义线性模型	28.6	855	1082
泊松分布假设下的空间相依性模型	30.0	851	1064
零膨胀泊松分布假设下的广义线性模型	27.7	99	334
零膨胀泊松分布假设下的空间相依性模型	29.0	96	318
负二项分布假设下的广义线性模型	27.4	16	251
零膨胀负二项分布假设下的广义线性模型	29.0	14	239
负二项分布假设下的空间相依性模型	26.4	2	246
零膨胀负二项分布假设下的空间相依性模型	28.0	0	232

注：AIC 和 BIC 统计量的值都减去了 53410。

从总体上来看，负二项分布假设下的模型优于泊松分布假设下的模型，表明该组索赔次数数据存在明显的过离散特征；零膨胀负二项回归模型的 BIC 低于负二项回归模型，表明该组数据还存在零膨胀特征。由此可见，零膨胀负二项分布假设下空间相依性模型更加适合本例的数据。

为了便于比较，表3-2也给出了广义线性模型的 AIC 值和 BIC 值。广义线性模型的表达式如下：

$$\ln(\mu_i) = \eta_i = \beta_0 + \beta_1 \times 保单类型(续保一年) + \beta_2 \times$$
$$保单类型(续保两年) + \beta_3 \times 保单类型(续保三年及以上) +$$
$$\beta_4 \times 保单类型(新车) + \beta_5 \times 性别(女性) +$$
$$\alpha_1 \times 地区_1 + \cdots + \alpha_{22} \times 地区_{22} + \ln(e_{ij}) \tag{3-12}$$

与空间相依性模型相比，广义线性模型假设年龄对预测项 η 仅仅具有线性效应，且仅将地区变量作为普通的分类变量处理。同时，由于广义线性模型的分布仅仅局限于指数分布族，因此只能建立泊松分布假设和负二项分布假设下的广义线性模型。但是，为了模型比较，本节将指数分布族推广到 GAMLSS 模型的分布，同时建立了零膨胀泊松分布和零膨胀负二项分布假设下的广义线性模型。

　　从 AIC 和 BIC 统计量来看，空间相依性模型普遍优于相应的广义
线性模型。这就表明，对于连续型协变量使用惩罚样条函数，并考虑
相邻地区在索赔频率上的空间相依关系，可以明显改进模型的拟合效
果。另外，比较 BIC 统计量的值可以发现，在同一种模型结构下，负
二项分布假设下的模型拟合效果优于泊松分布假设下的模型，零膨胀
负二项分布略微优于负二项分布假设下的模型。这就表明，运用零膨
胀负二项分布能够更好地处理具有零膨胀、过离散特征的索赔次数
数据。

　　为了进一步检验模型的拟合效果，我们列出了模型随机分位残差
的 QQ 图，其中随机分位残差通过式（3-12）计算得到。图 3-1 表
明，空间相依性模型在不同的分布假设下的随机分位残差的 QQ 图几
乎近似一条直线。这就表明，在索赔频率预测过程中考虑相邻地区之
间的相依关系和不同地区之间的数据分层结构能够有效地改善模拟拟
合效果。

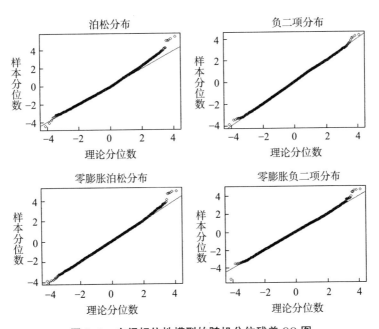

图 3-1　空间相依性模型的随机分位残差 QQ 图

三、非线性效应和空间相依性的影响

上述分析结果表明，零膨胀负二项分布假设下空间相依性模型为最优模型。表 3-3 给出了该模型中线性回归参数的估计值、标准误和相应的 P 值统计量，其中保单类型为"转入"的保单表示从其他保险公司转入到本公司的保单。可以看出，在其他变量保持不变的情况下，"新车"的保单的索赔频率是"转入"的保单的 $\exp(0.058) = 106\%$，表明"新车"的保单的出险次数较高。随着续保年限的增加，索赔频率的预测值逐渐降低。续保一年的保单的索赔频率是"转入"保单的 $\exp(-0.063) = 94\%$。续保三年及以上保单的索赔频率是"转入"保单的 $\exp(-0.159) = 85\%$。女性的索赔频率略高于男性，是男性索赔频率的 $\exp(0.043) = 104\%$。表 3-3 也给出了零膨胀负二项分布的尺度参数估计值和零膨胀概率的估计值。在建模过程中没有对上述两个参数引入协变量，因此尺度参数和零膨胀概率估计值都为常数，分别是 0.085 和 0.775。这就表明，该组索赔次数数据存在较为明显的过离散特征，保单不发生索赔的概率预测值为 77%。

表 3-3　零膨胀负二项分布假设下空间相依性模型的参数估计值

变量	均值	标准误	T 统计量	P 值
截距项	0.092	0.042	2.199	0.028
保单类型（新车）	0.058	0.029	2.030	0.042
保单类型（续保一年）	-0.063	0.022	-2.862	0.004
保单类型（续保两年）	-0.151	0.030	-5.062	0.000
保单类型（续保三年及以上）	-0.159	0.035	-4.604	0.000
性别（女性）	0.043	0.019	2.266	0.023
尺度参数	0.085			
零膨胀概率	0.775			

图 3-2 是当其他变量固定时，投保人和车龄对预测项 η 的非线性效应。实线表示均值，阴影部分表示（5%，95%）的置信区间。从

总体趋势上看，年龄与预测项 η 呈负相关关系。年龄为 18 岁的青少年索赔频率最高。随着年龄增大，索赔频率逐渐降低。对于 60 岁以上的人群而言，随着年龄的增大，索赔频率略有上升的趋势。另外，对于 18~20 岁与 60~70 岁的群体而言，年龄的非线性效应的置信区间更宽，原因在于该年龄段的数据量较小，使得相应参数估计的标准误差较大。

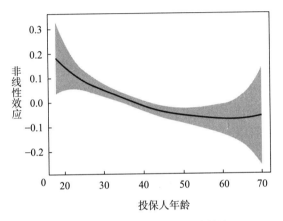

图 3-2 连续型变量的非线性效应

为了论证空间相依性模型的优势，本节在零膨胀负二项分布的假设下建立了如下的空间分层模型进行比较分析，并计算得到模型的 AIC 和 BIC 统计量。空间分层模型的表达式如下：

$$\ln(\mu_i) = \eta_i = \beta_0 + \beta_1 \times 保单类型(续保一年) + \beta_2 \times$$
$$保单类型(续保两年) + \beta_3 \times 保单类型(续保三年及以上) +$$
$$\beta_4 \times 保单类型(新车) + \beta_5 \times 性别(女性) +$$
$$f_1(年龄) + f_{random}(地区) + \ln(e_i) \tag{3-13}$$

与式（3-11）的空间相依性模型相比，空间分层模型仅仅将空间变量当作独立同分布的随机效应，即不考虑相邻地区之间可能存在的相依关系。从模型 AIC 和 BIC 的统计量来看，空间分层模型对应的值分别为 53414 和 53664，都略高于空间相依性模型的 53410 和 53644，表明在索赔频率预测中考虑地区之间存在的相依关系能够明显地提高模型的拟合效果。

表 3-4 给出了零膨胀负二项分布假设下空间相依性模型的空间效应估计值。空间效应是高斯马尔科夫随机场与独立同分布的随机效应预测值之和，表示地区变量对索赔频率的总体影响，其中高斯马尔科夫随机场反映周边地区带来的影响，随机效应体现不同地区的个体差异。根据不同地区空间效应估计值，可以将地区划分为五块区域。原始数据中只包含 22 个省份的索赔强度数据，缺失省份不列入计算结果。表 3-4 表明，南部及西部地区的索赔频率预测值较高，且相邻省份及其周边地区的索赔频率比较接近，譬如，广东省和广西壮族自治区及其周边地区的索赔频率都高于中部地区。另外，北方地区（如北京、青岛）也同时呈现出索赔频率较高的特征。

表 3-4　地区对索赔频率模型中线性预测项的平均影响

地区	空间效应	地区	空间效应
北京	0.254	山东	0.118
天津	-0.142	河南	-0.238
河北	-0.283	湖北	-0.050
山西	0.115	湖南	0.187
内蒙古	-0.052	广东	0.274
辽宁	-0.061	广西	0.097
上海	0.026	重庆	-0.111
江苏	-0.257	四川	0.272
浙江	-0.634	云南	0.251
安徽	-0.093	陕西	0.086
福建	-0.043	江西	0.144

第四节　偏 T 分布假设下的空间相依性模型

在非寿险索赔强度预测中，目前使用最为广泛的是广义线性模型。索赔强度的广义线性模型假设因变量服从伽马分布或逆高斯分布，且在预测项中仅能考虑协变量的线性效应。这些限制性条件都有可能影响索赔强度预测结果的准确性。本节对索赔强度的广义线性模型进行了推广：用偏 T 分布代替常用的伽马分布和逆高斯分布；在预测项中引入惩罚样条函数来描述连续型协变量的非线性效应；考虑索赔强度在不同地区的差异性和相邻地区的相依性。

一、索赔强度分布

在索赔强度的预测中，最常使用的广义线性模型是伽马回归，即假设索赔强度服从伽马分布。实际的索赔强度数据往往具有尖峰厚尾特征，既有大量的小额索赔，也有少量的高额索赔。对于尖峰厚尾的索赔强度数据，模型拟合的好坏在很大程度上取决于对尾部数据的拟合效果。当实际数据的尾部较长时，伽马回归模型的拟合效果往往欠佳。可以证明（见推论 3-1 和定理 3-2），对数正态分布的尾部比逆高斯分布更厚，而逆高斯分布的尾部比伽马分布更厚。所以，对于尖峰厚尾的索赔强度数据，可以用逆高斯回归或对数正态回归代替伽马回归。

当索赔强度数据的尾部很长时，如果用逆高斯分布或对数正态分布也不能很好地拟合，就需要考虑偏 T 分布。可以证明（见推论 3-1 和定理 3-2），偏 T 分布的尾部比对数正态分布更厚，所以能更好地拟合尖峰厚尾的索赔强度数据。

索赔强度是指在损失发生的条件下，平均每次索赔的赔款金额。通常用于描述索赔强度的理论分布包括伽马分布、逆高斯分布和对数正态分布。但是，当实际索赔强度数据的尾部很厚时，这些分布的拟合效果往往欠佳，此时可以考虑偏 T 分布。

对数正态分布的密度函数可以表示为：

$$f(y|\mu, \sigma) = \frac{1}{\sqrt{2\pi\sigma^2}}\frac{1}{y}\exp\left\{-\frac{[\log(y)-\mu]^2}{2\sigma^2}\right\} \tag{3-14}$$

若令 $\omega = \exp(\sigma^2)$，则对数正态分布的期望与方差可以分别表示为 $E(Y) = \omega^{1/2}e^{\mu}$ 和 $Var(Y) = \omega(\omega-1)e^{2\mu}$。

偏 T 分布有多种形式，本章采用 Fernández（1998）给出的密度函数如下：

$$f(y) = \frac{c}{\sigma}\left\{1 + \frac{z^2}{\tau}\left[\nu^2 I(y<\mu) + \frac{1}{\nu^2}I(y\geq\mu)\right]\right\}^{-(\tau+1)/2} \tag{3-15}$$

其中，$z=(y-\mu)/\sigma, c=2\nu/[\sigma(1+\nu^2)B(1/2,\tau/2)\tau^{1/2}]$。

偏 T 分布包含四个参数，其中均值参数 μ 可以取任意实数，其他的参数均取大于零的实数。偏 T 分布的期望与方差分别为 $E(Y)=\mu+\sigma E(Z)$ 和 $Var(Y)=\sigma^2 Var(Z)$。其中：

$$E(Z) = 2\tau^{1/2}(\nu^2-1)/[(\tau-1)B(1/2,\tau/2)\nu]$$

$$Var(Z) = \tau(\nu^3+1/\nu^3)/[(\tau-2)(\nu+1/\nu)]$$

二、索赔强度分布的尾部比较

下面将证明，在这些分布中，尾部厚度依次递增的顺序是伽马分布、逆高斯分布、对数正态分布和偏 T 分布。

用 $f_{Y_1}(y)$ 和 $f_{Y_2}(y)$ 分别表示上述任意两种分布的密度函数，若 $\lim_{y\to\infty}f_{Y_1}(y)=\lim_{y\to\infty}f_{Y_2}(y)=0$，则当 $\lim_{y\to\infty}[\log f_{Y_1}(y)-\log f_{Y_2}(y)]\to\infty$ 时，称 $f_{Y_1}(y)$ 比 $f_{Y_2}(y)$ 的尾部更厚。若 $\lim_{y\to\infty}\frac{f_1(y)}{f_2(y)}=c$，其中 c 为常数，则称 $f_{Y_1}(y)$ 与 $f_{Y_2}(y)$ 的尾部等价，记为 $\lim_{y\to\infty}f_1(y)\sim\lim_{y\to\infty}f_2(y)$。

定理 3-1： $\lim_{y\to\infty}\log[f_Y(y)]$ 等价于下述三种类型之一，参见 Rigby B.（2014）：

第一类：$\lim_{y\to\infty}[\log f_Y(y)]\sim\lim_{y\to\infty}-k_2(\log y)^{k_1}$

第二类：$\lim_{y\to\infty}[\log f_Y(y)]\sim\lim_{y\to\infty}-k_4 y^{k_3}$

第三类：$\lim_{y\to\infty}[\log f_Y(y)]\sim\lim_{y\to\infty}-k_4 e^{k_5 y}$

推论 3-1： 在前述的四种索赔强度分布中，伽马分布与逆高斯分布属于第二类，对数正态分布与偏 T 分布属于第一类，结果如表 3-5 所示。

表 3-5　索赔强度分布的尾部比较

分布	第一类	第二类	第三类
伽马分布	—	$k_3 = 1$，$k_4 = \mu^{-1}\sigma^{-2}$	—
逆高斯分布	—	$k_3 = 1$，$k_4 = 0.5\mu^{-2}\sigma^{-2}$	—
对数正态分布	$k_1 = 2$，$k_2 = 0.5\sigma^{-2}$	—	—
偏 T 分布	$k_1 = 1$，$k_2 = \tau + 1$	—	—

定理 3-2：在前述三类分布中，第一类的尾部最厚，第三类的尾部最薄，第二类居中。在第一类分布中，k_1 越小，分布尾部越厚；k_1 相同的情况下，k_2 越小，分布的尾部越厚。

推论 3-1 和定理 3-2 的证明如本章附录所示。

由表 3-5 可见，偏 T 分布的尾部最厚，然后依次为对数正态分布、逆高斯分布和伽马分布。另外，伽马分布与逆高斯分布的尾部厚度取决于它们的均值参数 μ 和尺度参数 σ 的大小。可以证明，在给定均值和方差的条件下，逆高斯分布的偏度系数大于伽马分布的偏度系数，所以通常认为逆高斯分布的尾部厚于伽马分布。

附录

推论 3-1 的证明：当随机变量 Y 服从伽马分布 GA（μ, σ）时，密度函数的对数形式可以写成：

$$\log[f_Y(y)] = \frac{1}{\sigma^2}\log(\sigma^2\mu) - \frac{y}{\sigma^2\mu} + \frac{1}{\sigma^2 - 1}\log(y) - \log(\Gamma(1/\sigma^2))$$

上式取极值，则有：

$$\lim_{y\to\infty}[\log f_Y(y)] = \frac{1}{\sigma^2}\log(\sigma^2\mu) - \lim_{y\to\infty}\left[\frac{y}{\sigma^2\mu}\right] + \frac{1}{\sigma^2 - 1}$$
$$\lim_{y\to\infty}[\log(y)] - \log(\Gamma(1/\sigma^2))$$
$$\sim -\lim_{y\to\infty}\left[\frac{y}{\sigma^2\mu}\right] + \frac{1}{\sigma^2 - 1}\lim_{y\to\infty}[\log(y)]$$
$$\sim -\sigma^2\mu\lim_{y\to\infty}[y]$$
$$\sim -k_4\lim_{y\to\infty}[y]^{k_3}$$

其中，$k_4 = \sigma^{-2}\mu^{-1}$，$k_3 = 1$，即伽马分布属于第二类分布。

当随机变量 Y 服从逆高斯分布 $\mathrm{IG}(\mu, \sigma)$ 时，密度函数的对数形式可以写成：

$$\log[f_Y(y)] = -\frac{1}{2}\log(2\pi\sigma^2 y^3) - \frac{1}{2\mu^2\sigma^2 y}(y-\mu)^2$$

上式取极值，则有：

$$\lim_{y\to\infty}[\log f_Y(y)] = -\frac{1}{2}\lim_{y\to\infty}[\log(2\pi\sigma^2 y^3)] - \lim_{y\to\infty}\left[\frac{1}{2\mu^2\sigma^2 y}(y-\mu)^2\right]$$

$$\sim -\frac{3}{2}\lim_{y\to\infty}[\log(y)] - \lim_{y\to\infty}\left[\frac{1}{2\mu^2\sigma^2 y}(y-\mu)^2\right]$$

$$\sim -\frac{3}{2}\lim_{y\to\infty}[\log(y)] - \frac{1}{2\mu^2\sigma^2}\lim_{y\to\infty}\left[y+\frac{\mu^2}{y}\right]$$

$$\sim -\frac{1}{2\mu^2\sigma^2}\lim_{y\to\infty}[y]$$

$$\sim -k_4\lim_{y\to\infty}[y]^{k_3}$$

其中，$k_4 = 0.5\mu^{-2}\sigma^{-2}$，$k_3 = 1$，即逆高斯分布属于第二类分布。

当随机变量 Y 服从对数正态分布 $\mathrm{LOGNO}(\mu, \sigma)$ 时，密度函数的对数形式可以写成：

$$\log[f_Y(y)] = -\frac{1}{2}\log(2\pi\sigma^2) - \log(y) - \frac{[\log(y)-\mu]^2}{2\sigma^2}$$

上式取极值，则有：

$$\lim_{y\to\infty}[\log f_Y(y)] = -\frac{1}{2}\log(2\pi\sigma^2) - \lim_{y\to\infty}[\log(y)] - \lim_{y\to\infty}\frac{[\log(y)-\mu]^2}{2\sigma^2}$$

$$\sim -\lim_{y\to\infty}[\log(y)] - \frac{1}{2\sigma^2}\lim_{y\to\infty}[\log(y)-\mu]^2$$

$$\sim -\lim_{y\to\infty}[\log(y)] - \frac{1}{2\sigma^2}\lim_{y\to\infty}[\log(y)]^2 + \frac{1}{2\sigma^2}\lim_{y\to\infty}[2\mu\log(y)]$$

$$\sim -\frac{1}{2\sigma^2}\lim_{y\to\infty}[\log(y)]^2$$

$$\sim -k_2\lim_{y\to\infty}[\log(y)]^{k_1}$$

其中，$k_2 = 0.5\sigma^{-2}$，$k_1 = 2$，即对数正态分布属于第一类分布。

当随机变量 Y 服从偏 T 分布 ST (μ, σ, ν, τ) 时，密度函数的对数形式可以写成：

$$\log[f_Y(y)] = \log(\frac{c}{\sigma}) + \log\left\{1 + \frac{z^2}{\tau}\left[\nu^2 I(y < \mu) + \frac{1}{\nu^2}I(y \geqslant \mu)\right]\right\}$$

其中，$z = (y-\mu)/\sigma$，$c = 2\nu/[\sigma(1+\nu^2)B(1/2, \tau/2)\tau^{1/2}]$。

上式取极值，则有：

$$\lim_{y \to \infty}[\log f_Y(y)] = \log\left(\frac{c}{\sigma}\right) - \frac{(\tau+1)}{2}\lim_{y \to \infty}\log\left\{1 + \frac{z^2}{\tau}\left[\frac{1}{\nu^2}I(y \geqslant \mu)\right]\right\}$$

$$\sim -\frac{(\tau+1)}{2}\lim_{y \to \infty}\log\left\{1 + \frac{[(y-\mu)/\sigma]^2}{\tau}\left[\frac{1}{\nu^2}\right]\right\}$$

$$\sim -\frac{(\tau+1)}{2}\lim_{y \to \infty}\log\left[1 + \left(\frac{y-\mu}{\sigma\nu\tau^{0.5}}\right)^2\right]$$

$$\sim -(\tau+1)\lim_{y \to \infty}[\log(y)]$$

$$\sim -k_2\lim_{y \to \infty}[\log(y)]^{k_1} \qquad (3-16)$$

其中，$k_2 = \tau+1$，$k_1 = 1$，即偏 T 分布属于第一类分布。

定理 3-2 的证明：假设随机变量 Y_1、Y_2、Y_3 分别属于第一、第二和第三类分布，则有：

$$\lim_{y \to \infty}[\log f_{Y_1}(y) - \log f_{Y_2}(y)] = \lim_{y \to \infty}[-k_2(\log y)^{k_1} + k_4 y^{k_3}] = \lim_{y \to \infty}[k_4 y^{k_3}] \to \infty$$

$$\lim_{y \to \infty}[\log f_{Y_2}(y) - \log f_{Y_3}(y)] = \lim_{y \to \infty}[-k_4 y^{k_3} + k_4 e^{k_5 y}] = \lim_{y \to \infty}[k_4 e^{k_5 y}] \to \infty$$

上式表明，第一类分布的尾部最厚，第三类分布的尾部最薄。

假设随机变量 Y_{11}、Y_{12} 的极限分布的对数函数为 $-k_{21}(\log y)^{k_1}$ 与 $-k_{22}(\log y)^{k_1}$，且满足 $k_{21} < k_{22}$，则有：

$$\lim_{y \to \infty}[\log f_{Y_{11}}(y) - \log f_{Y_{12}}(y)]$$

$$= \lim_{y \to \infty}[-k_{21}(\log y)^{k_1} + k_{22}(\log y)^{k_1}]$$

$$= \lim_{y \to \infty}[(k_{22} - k_{21})(\log y)^{k_1}] \to \infty$$

上式表明，对于第一类分布，k_1 越小，分布尾部越厚。k_1 相同的情况下，k_2 越小，分布的尾部越厚。

三、空间相依性模型的估计结果

下面继续运用本章第三节的赔付数据进行实证研究。剔除不发生索赔的保单后,可以得到保单的索赔金额数据。每份保单包含 5 个协变量,分别是保单类型、车主性别、车主年龄、车龄和居住地区,其中车主年龄和车龄是连续型变量,保单类型和车主性别是分类变量,居住地区是空间变量。每份保单包含在一个完整的保险期间内的累积赔付额与索赔次数之比,就可以得到每份保单的索赔强度观测值。

该组数据中共有 10450 条损失记录,索赔强度的最大值为 22000,最小值为 17。车龄的最大值为 10 年,大部分集中在 0~4 年。车主年龄的最小值为 18 周岁。图 3-3 的直方图描述了索赔强度和索赔强度对数的观察值。为了图示效果更加清晰,图 3-3(a)呈现了索赔强度小于 10000 元的数据,图 3-3(b)是索赔强度对数的直方图。索赔强度对数的均值和标准差分别为 6.83 和 0.878,偏度和峰度分别为 0.537 和 3.93,25% 和 75% 分位数分别为 6.28、7.25,中位数为 6.73。这就表明,索赔强度及其对数都呈现出右偏特性。如果分别用偏 T 分布、对数正态分布、逆高斯分布、伽马分布和正态分布拟合索赔强度对数的观察值,它们的 AIC 统计量分别是 26183、26621、26640、26654 和 26949,表明偏 T 分布对这组索赔强度对数的拟合效果明显优于常用分布。

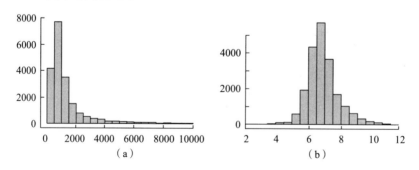

（a）　　　　　　　　　　　　（b）

图 3-3　索赔强度及其对数的直方图

　　下面以索赔强度的对数为因变量，以年龄、保单类型、性别和地区为协变量，分别在偏 T 分布、对数正态分布、逆高斯分布和伽马分布假设下建立固定效应模型、空间分层模型和空间相依性模型。在固定效应模型中，把地区变量作为普通的分类变量处理。在空间分层模型中，把地区变量作为独立同分布的随机效应处理，用以描述不同地区之间的分层结构。在空间相依性模型中，将地区变量作为独立同分布的随机效应处理，并且在地区变量中引入高斯马尔可夫随机场，同时考虑到了地区的分层效果和相邻地区的索赔强度之间存在相依性。对于本组数据而言，空间相依性模型中的地区变量的随机截距项的估计值非常小，因此本节认为运用高斯马尔可夫随机场就能充分地描述地区变量的空间效应。

　　为了便于模型比较，本节将保单类型中的"转入"作为基准水平。年龄变量通过引入惩罚样条来描述其非线性效应。惩罚样条的基础函数使用 B 样条基础函数，节点数量为 20，样条的自由度为 3，阶数为 2。对于本例的数据，空间相依性模型可以表示为：

$$\mu_i = \beta_0 + \beta_1 \times 续保一年 + \beta_2 \times 续保两年 + \beta_3 \times 续保三年及以上 +$$
$$\beta_4 \times 新车 + f_1(年龄) + f_{mrf}(地区)$$

固定效应模型可以表示为：

$$\mu_i = \beta_0 + \beta_1 \times 续保一年 + \beta_2 \times 续保两年 + \beta_3 \times 续保三年及以上 +$$
$$\beta_4 \times 新车 + f_1(年龄) + \alpha_1 \times 地区_1 + \alpha_2 \times 地区_2 + \cdots + a_{22} \times 地区_{22}$$

空间分层模型可以表示为：

$$\mu_i = \beta_0 + \beta_1 \times 续保一年 + \beta_2 \times 续保两年 + \beta_3 \times 续保三年及以上 + \beta_4 \times$$
$$新车 + f_1(年龄) + f_{random}(地区)$$

　　其中，$f_1(年龄)$ 表示惩罚 B 样条函数，$f_{mrf}(地区)$ 表示高斯马尔可夫随机场，$f_{random}(地区)$ 表示独立同分布的随机截距项。

　　在上述三种不同分布假设下，可以得到索赔强度预测模型的 AIC 和 BIC 统计量。由表 3-6 可以看出，偏 T 分布假设下的空间效应模型不论 AIC 还是 BIC 统计量都小于其他模型。图 3-4 表明，不论是伽马回归、逆高斯回归还是对数正态回归模型，残差的 QQ 图都偏离 45 度直线较远，而偏 T 回归模型的残差 QQ 图几乎近似一条直线。从总体上看，偏

T 分布假设下的空间效应模型优于其他分布假设下的模型，这是因为偏
T 分布的尾部最厚，所以更加适合拟合尖峰厚尾的保险损失数据。

表 3-6 模型的拟合优度比较

模型	自由度	AIC	BIC
偏 T 分布假设下的空间相依性模型	29.5	0	200
偏 T 分布假设下的空间分层模型	32.5	6	227
偏 T 分布假设下的固定效应模型	34	7	239
对数正态分布假设下的空间相依性模型	28.5	517	709
对数正态分布假设下的空间分层模型	31.5	523	737
对数正态分布假设下的固定效应模型	33.5	525	754
逆高斯正态分布假设下的空间相依性模型	26.9	560	741
逆高斯正态分布假设下的空间分层模型	29.9	566	769
伽马分布假设下的空间相依性模型	26.9	568	749
逆高斯正态分布假设下的固定效应模型	32	568	786
伽马分布假设下的空间分层模型	29.9	574	776
伽马分布假设下的固定效应模型	32	576	794

注：AIC 和 BIC 统计量的值都减去了 25597。

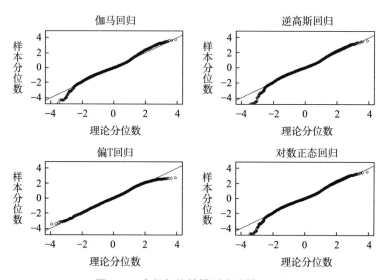

图 3-4 空间相依性模型残差的 QQ 图

四、非线性效应与空间效应

上述分析结果表明，偏 T 分布假设下的空间效应模型为最优模型，表3-7给出了该模型的参数估计值，其中车主年龄对索赔强度的对数表现为非线性效应。总体来看，在 5% 的显著性水平下，保单类型变量在水平"续保两年"的呈现较为明显，其他水平与基准水平在索赔强度上没有显著差异。与"转入"的保单相比，"续保两年"的保单的索赔强度的对数低于基准水平，表明"续保两年"的保单发生的索赔金额相对较少。

表 3-7 偏 T 分布假设下空间相依性模型的参数估计值

变量	估计值	标准误	T 统计量	P 值
截距项	6.584	0.033	199.65	0.00
保单类型（续保一年）	−0.002	0.001	−2.58	0.06
保单类型（续保两年）	−0.045	0.024	−1.89	0.01
保单类型（续保三年及以上）	−0.046	0.018	−2.51	0.44
保单类型（新车）	−0.019	0.025	−0.78	0.08

图 3-5 描述了当其他变量固定时，年龄和保单类别对索赔强度对数的影响。实线表示估计的均值，阴影表示置信区间。图 3-5（a）是年龄对索赔强度对数值的非线性效应，通过 $\hat{f}_1$（年龄）的估计值计算得到；图3-5（b）是保单类别对索赔强度对数的影响。年龄为18~

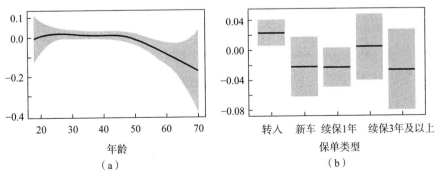

（a）

（b）

图 3-5 协变量的影响效应

40 岁人群的索赔强度最高。随着年龄增大，索赔强度逐渐降低。新车的索赔强度最高，随着车龄的增大，索赔强度逐渐降低。另外，保单类型为"转入"的保单的风险最高。

第五节　本章小结

广义线性模型是目前最为广泛使用的损失预测模型，其优点是简单实用、运算速度快，缺点是需要事先确定协变量与因变量之间的函数关系。由于广义线性模型中的函数关系有限，所以不易准确描述连续型协变量对因变量的非线性效应。在包含空间协变量的情况下，广义线性模型只能将空间协变量作为分类变量处理，无法考虑相邻地区在赔付数据上的空间相依关系及数据的分层结构。

为了解决上述问题，本节主要介绍了空间相依性模型在汽车保单费率厘定中的运用。根据费率厘定的基本框架，空间相依性模型可以分为基于索赔频率预测的空间相依性模型和基于索赔强度预测的空间相依性模型。

与传统的费率厘定模型相比，空间相依性模型具有以下几点优势：

（1）将传统的费率厘定的广义线性模型中指数分布族的假设推广到更为一般的分布形式，其中主要包括能够更好地描述具有过离散和零膨胀特征的索赔次数数据的零膨胀分布，以及能够更好处理具有尖峰厚尾特征的索赔强度数据的偏 T 分布；

（2）在无法确定连续型协变量与因变量之间复杂的函数关系时，空间相依性模型通过引入惩罚样条函数，能够更好地处理连续型协变量对预测项的非线性效应；

（3）空间相依性模型在预测项中引入高斯马尔可夫随机场和随机效应截距项，不仅充分利用了相邻地区的索赔信息，而且考虑了索赔数据在不同地区的分层结构。

空间相依性模型的构建与估计都是基于 GAMLSS 模型框架，在经验贝叶斯框架下对其惩罚似然函数进行最优化求解。在此基础上，运用 RS 和 CG 的混合算法可以求得模型的似然函数的极大值，因此可以运用 AIC 和 BIC 统计量进行模型拟合优度的比较。基于我国一组实际汽车保险赔付数据的实证分析表明，与广义线性模型相比，空间相依性模型能够更好地拟合索赔次数和索赔强度的赔付数据。

第四章

索赔频率与索赔强度的相依性模型

对于非寿险费率的厘定，保险公司通常使用两种方法：一种是分别对索赔频率和索赔强度进行预测，然后将两者的预测结果相乘得到保单纯保费的预测值。这种方法也被称为频率—强度方法。该方法的优点在于计算简单，可以分别考虑不同的费率因子对索赔频率和索赔强度的影响；缺点在于隐含了索赔频率与索赔强度相互独立的特点，但实际上索赔频率与索赔强度之间是密切相关的，忽略两者的相依关系可能会导致费率厘定过高或者过低，使得保险公司在市场竞争中处于劣势，同时带给保险公司更大的经营风险。另一种是直接对保单的纯保费数据进行建模，优点在于可以忽略索赔频率和索赔强度的相依关系，缺点在于无法区分费率因子对索赔频率和索赔强度的不同影响。

当数据中包含大量零索赔的保单时，可以将现有的频率—强度方法拆分为两步，即首先预测索赔发生的概率，然后在索赔发生的条件下预测索赔频率和索赔强度。此时，在独立假设下的纯保费的预测值将等于索赔发生概率的预测值乘以索赔发生条件下索赔频率的预测值，再乘以索赔强度的预测值。在两步法的基础上考虑索赔频率与索赔强度之间的相依关系，还可以根据相关研究文献建立 Copula 相依性模型和共同随机效应模型。

鉴于此，本章在两步法的基础上，提出了一种预测纯保费的相依性调整模型，即首先在索赔频率和索赔强度相互独立的假设下预测纯保费，然后通过索赔频率与索赔强度之间的相关关系对独立性假设下的纯保费预测值进行调整。与现有模型相比，本章提出的相依性调整模型的优点是可以将纯保费的预测值分解为两部分，即独立性假设下的纯保费和相依性对纯保费的影响，便于模型的解释和应用。

为了检验相依性调整模型的实际应用价值，并与现有的各种模型进行比较，本章应用我国某保险公司汽车保险的损失数据进行了实证分析。在实证研究中，运用 Gini 指数、均方误差和绝对误差等指标来比较不同模型对纯保费的预测效果。实证研究结果表明，与现有文献中的各种模型相比，本章提出的相依性调整模型在预测纯保费方面具有一定优势。

下面首先通过数据模拟的方法探讨了在费率厘定过程中考虑索赔频率与索赔强度之间相依关系的必要性；其次提出一种基于纯保费预测的相依性调整模型，对现有文献中的相依性模型进行简要比较；最后给出模型的实证分析和检验结果。

第一节　基于频率—强度方法的纯保费预测模型

在索赔频率与索赔强度相互独立的假设下，运用得最为广泛的频率—强度方法是泊松—伽马模型，即对索赔频率建立泊松回归模型，对索赔强度建立伽马回归模型。

一、独立假设下和相依条件下的泊松—伽马模型

在频率—强度方法下，假设保单组合共包含 n 份保单，每份保单的损失观察值记为 (N_i, S_i, S_{ij}, x_i)，其中，N_i 表示第 i 份保单的索赔次数；S_i 表示第 i 份保单的索赔强度，可以表示为 $S_i = \sum_{j=1}^{N_i} S_{ij}/N_i$；$S_{ij}$ 表示第 i 份保单第 j 次索赔的赔款金额，且 S_{i1}，S_{i2}，$\cdots$，S_{iN_i} 互相独立；x_i 表示第 i 份保单的协变量，用于表示保单的费率因子。

泊松—伽马模型假设索赔次数 N_i 服从均值为 λ_i 的泊松分布，假

设每次赔款金额 S_{ij} 服从参数均值为 μ_i、离散参数为 σ^2 的伽马分布，此时索赔强度 S_i 则服从参数均值为 μ_i、离散参数为 σ^2/N_i 的伽马分布，均值为 μ_i，方差为 $\dfrac{\sigma^2}{N_i}\mu_i^2$。需要注意的是，不论是对每次赔款金额 S_{ij} 建立回归模型，还是对索赔强度建立回归模型，对保单纯保费的预测都可以得到同样的结果。此时，泊松—伽马模型可以具体表示为：

$$N_i \sim \text{Poisson}(\lambda_i) \qquad\qquad \lambda_i = d_i\exp(x_i\beta)$$
$$S_i \sim \text{Gamma}(\mu_i, \sigma^2/N_i) \qquad \mu_i = \exp(x_i\alpha) \qquad\qquad (4\text{-}1)$$

在独立假设下的泊松—伽马模型中，第 i 份保单的纯保费预测值可以表示为：

$$P_i = d_i\exp(x_i\alpha + x_i\beta) \qquad\qquad (4\text{-}2)$$

其中，$x_i = (x_{i0}, \ x_{i1}, \ \cdots, \ x_{ik})$ 为协变量向量，且 $x_{i0} = 1$。β 为索赔频率模型的回归系数向量，d_i 为车年数，α 为索赔强度模型的回归系数向量。独立假设下的泊松—伽马模型的估计可以运用第一章广义线性模型的框架进行参数估计方法和模型检验。

下面继续沿用泊松—伽马模型的基本框架。为了构建索赔次数与索赔强度之间的相依关系，J. Garrido（2016）将索赔次数作为协变量引入索赔强度的预测模型，构建了一种相依假设下的泊松—伽马模型。模型具体表示为：

$$N_i \sim \text{Poisson}(\lambda_i) \qquad\qquad \lambda_i = d_i\exp(x_i\beta)$$
$$S_i \mid N_i \sim \text{Gamma}(\mu_i, \sigma^2/N_i) \qquad \mu_i = \exp(x_i\alpha + h \times N_i) \qquad (4\text{-}3)$$

其中，$N_i > 0$ 表示索赔发生条件下的索赔次数，h 为相关性调整系数，用于表示索赔次数和索赔强度之间不同的相关性大小。当 $h = 0$ 时，表明索赔频率与索赔强度互相独立；当 $h > 0$ 时，表明索赔频率与索赔强度存在正相依关系；当 $h < 0$ 时，表明两者存在负相依关系。

本节我们使用极大似然法对相依假设下的泊松—伽马模型进行参数估计以及相应的统计检验。模型的对数似然函数可以表示为：

$$\ell(\beta, \ \alpha, \ \sigma, \ h) = \sum_{i=1}^{n} \ell_{N_i}(\beta; \ n_i) + \sum_{i=1}^{n} \ell_{S_i \mid N_i}(\alpha, \ \sigma^2, \ h; \ s_i)$$

$$(4\text{-}4)$$

其中，ℓ_{N_i} 表示泊松分布的对数似然函数，$\ell_{S_i|N_i}$ 表示伽马分布的对数似然函数。此时，可以求得上述似然函数关于所有参数的一阶微分：

$$\frac{\partial \ell}{\partial \beta_j} = \sum_{i=1}^{n} x_{ij}(n_i - \lambda_i) = 0, \qquad j = 0, 1, 2, \cdots, k$$

$$\frac{\partial \ell}{\partial \alpha_j} = \sum_{i=1}^{n} \frac{\sigma^2}{n_i} x_{ij}(s_i - \mu_i) = 0, \qquad j = 0, 1, 2, \cdots, k$$

其中，泊松分布的均值参数 $\lambda_i = d_i \exp(x_i \beta)$，伽马分布的均值参数为 $\mu_i = \exp(x_i \alpha)$。此时，参数的 Fisher 信息矩阵的第 j 行和第 h 列的元素可以表示为：

$$I_{jh}(\beta) = \mathrm{E}\left[\frac{\partial^2 \ell}{\partial \beta_j \partial \beta_h}\right] = \sum_{i=1}^{n} x_{ij} x_{ih} \lambda_i, \qquad j, h = 0, 1, 2, \cdots, k$$

$$I_{jh}(\alpha) = \mathrm{E}\left[\frac{\partial^2 \ell}{\partial \alpha_j \partial \alpha_h}\right] = \sum_{i=1}^{n} \frac{n_i}{\sigma^2} x_{ij} x_{ih}, \qquad j, h = 0, 1, 2, \cdots, k$$

其中，$x_{i0} = 1$ 表示第 i 个数据对应的截距项，x_{i1} 表示第 i 个数据对应的第 1 个协变量。因此，Fisher 信息矩阵可以表示为：

$$I(\beta) = X^T W_\beta X$$

$$I(\alpha) = X^T W_\alpha X$$

其中，

$$X = \begin{bmatrix} x_{10} & x_{11} & \cdots & x_{1k} \\ x_{20} & x_{21} & \cdots & x_{2k} \\ \vdots & \vdots & \cdots & \vdots \\ x_{n0} & x_{n1} & \cdots & x_{nk} \end{bmatrix}_{n \times (k+1)},$$

$$W_\beta = \mathrm{diag}\,[\lambda_1, \lambda_2, \cdots, \lambda_n]_{n \times n}, \quad W_\alpha = \mathrm{diag}\left[\frac{n_1}{\sigma^2}, \frac{n_2}{\sigma^2}, \cdots, \frac{n_n}{\sigma^2}\right]_{n \times n}$$

其中，X 为 $n \times (k+1)$ 维度的设计矩阵（Design Matrix），设计矩阵的元素表示模型截距项与数据中的协变量。因此，模型参数的 Fisher 信息矩阵具体表示为：

$$I(\beta) = X^T \mathrm{diag}(\hat{\lambda}_1, \hat{\lambda}_2, \cdots, \hat{\lambda}_n) X$$

$$I(\alpha) = \frac{1}{\sigma^2} X^T \mathrm{diag}(n_1,\ n_2,\ \cdots,\ n_n)\ X$$

当数据样本量足够大时，极大似然估计得到的参数分布渐进服从正态分布，即：

$$\sqrt{I_N}(\hat{\beta}-\beta) \approx N[0,\ I^{-1}(\beta)]$$

$$\sqrt{I_S}(\hat{\alpha}-\alpha) \approx N[0, I^{-1}(\alpha)]$$

在运用极大似然估计方法得到模型的参数估计值之后，将估计值代入上述 Fisher 信息矩阵，并根据参数渐进服从正态分布的特征，可以得到参数估计值的标准误，从而求得参数的 P 值统计量。需要注意的是，索赔次数预测模型和索赔强度预测模型的样本量 n 是不同的，其中索赔强度数据不包含索赔次数为零的保单数据。

二、相依性对纯保费预测值的调整

下面用随机变量 Y_i 表示第 i 份保单的纯保费，即 $Y_i = \sum_{j=1}^{N_i} S_{ij}$ 或者 $Y_i = N_i \times S_i$。对于没有发生索赔的保单，纯保费 $Y_i = 0$。因此，对保单纯保费的预测等价于求得随机变量 Y_i 的期望。在索赔次数与索赔强度独立性的假设下，纯保费的预测值表示为：

$$E(Y_i|x_i) = E(N_i S_i|x_i) = E(N_i|x_i)E(S_i|x_i)$$
$$= \exp(x_i\beta + x_i\alpha) \tag{4-5}$$

相依假设下的泊松—伽马模型的纯保费的预测值表示为：

$$E(Y_i|x_i) = E(N_i S_i|x_i) = E[E(N_i S_i|x_i,N_i)] = E[N_i E(S_i|x_i,N_i)]$$
$$= E[N_i \exp(x_i\beta + h \times N_i)|x_i]$$
$$= E[N_i \mu_i \exp(hN_i)|x_i]$$
$$= \mu_i E\left[\frac{\partial \exp(hN_i)}{\partial h}\Big|x_i\right]$$
$$= \mu_i \frac{\partial}{\partial h}E[\exp(hN_i)|x_i]$$
$$= \mu_i M'_N(h|x_i) \tag{4-6}$$

其中，M_N 为随机变量 N_i 的矩母函数，M'_N 为矩母函数关于 h 的一阶微分。当随机变量 N_i 服从均值为 λ_i 的泊松分布时，矩母函数和矩母函数的一阶微分表示为：

$$M_N = \exp\left[\lambda_i(e^h-1)\right]$$

$$M'_N = \lambda_i \exp\left[\lambda_i(e^h-1)+h\right]$$

此时，相依假设下的泊松—伽马模型的纯保费预测值可以简化为：

$$P_i = \mu_i \lambda_i \exp\left[\lambda_i(e^h-1)+h\right] \qquad (4\text{-}7)$$

其中，$\mu_i = \exp(x_i\alpha)$，$\lambda_i = d_i \exp(x_i\beta)$，$\exp\left[\lambda_i(e^h-1)+h\right]$ 表示索赔次数与索赔强度之间的相依性对纯保费的调整比例。

三、考虑相依性的必要性研究

在索赔次数和案件赔款独立性假设下，泊松—伽马模型与 Tweedie 模型具有高度的相似性，其中泊松—伽马模型是分别对索赔次数和索赔强度建立预测模型，而 Tweedie 模型是对保单纯保费的经验数据建立回归模型。若考虑索赔次数与案件赔款之间的相依关系，可以将索赔次数作为协变量加入索赔强度预测模型，从而构建相依假设下的泊松—伽马模型。因此，本节通过模拟数据对独立假设和相依假设下的泊松—伽马模型进行比较分析，并分析索赔次数与索赔强度的相依关系对保单纯保费预测的影响。

假设一个保单组合包含 $n = 2000$ 份保单，每份保单对应一组索赔数据 (x_i, N_i, S_i, Y_i)，其中 N_i 表示第 i 份保单的索赔次数，S_i 表示索赔强度，Y_i 表示纯保费。x_i 包含 3 个协变量，即 $x_i = (x_{i1}, x_{i2}, x_{i3})^T$，其中 x_{i1}、x_{i2} 和 x_{i3} 都是二元分类变量，取值 0 或 1。本书使用 J. Garrido（2016）中的方法模拟索赔次数与索赔强度之间的相依关系，即在索赔强度预测过程中将索赔次数作为协变量引入回归模型。对第 i 份保单的具体模拟步骤如下：

（1）模拟生成协变量矩阵 $x_i = (1, x_{i1}, x_{i2}, x_{i3})$，协变量分别服

从均值参数为 0.4、0.5 和 0.6 的伯努利分布。

（2）模拟生成服从（0，1）区间上均匀分布的随机数 u_i，得到第 i 份保单的索赔次数 $N_i = F_{N_i}^{-1}(u_i)$，其中 $F_{N_i}^{-1}(\cdot)$ 为泊松分布函数的逆函数，泊松分布的均值 $\lambda_i = \exp(x_i \beta_N)$，且 $\beta_N = (-0.6, 0.2, 0.3, 0.4)^T$。

（3）给定索赔次数 N_i，随机生成 N_i 个服从（0，1）区间上均匀分布的随机数 $(v_1, v_2, \cdots, v_{N_i})$，并模拟得到第 i 份保单第 j 次索赔的赔款金额 $S_{ij} = F_s^{-1}(v_i)$，其中 $j = 1, 2, \cdots, N_i$。$F_s^{-1}(\cdot)$ 为伽马分布函数的逆函数，尺度参数为 $\sigma = 0.1$，均值为 $\mu_i = \exp(x_i \beta_S + h \times N_i)$，且 $\beta_S = (4, 0.3, -0.1, 0.1)^T$。$h$ 为相关性调整系数，用于表示不同的相关性大小。$h > 0$ 表示索赔次数与赔款金额存在正相依，$h < 0$ 表示存在负相依。

（4）第 i 份保单的纯保费表示为 $\sum_{j=1}^{N_i} S_{ij}$，索赔强度 $S_i = \frac{1}{N_i} \sum_{j=1}^{N_i} S_{ij}$。

对于上述模拟数据，分别应用独立假设和相依假设下的泊松—伽马模型进行拟合，就可以得到相应的参数估计值和标准误。两种模型对索赔次数拟合得到的参数估计结果完全相同，表示索赔频率预测模型不受相依性的影响。图 4-1 给出了相关性调整系数 h 如何影响索赔频率与索赔强度之间的相关系数。从中可以看出，随着相关性调整系数 h 的增大，索赔频率与索赔强度之间的相关系数也会增大，因此可以用相关性调整系数 h 来描述数据中索赔次数与索赔强度之间的相依性大小。

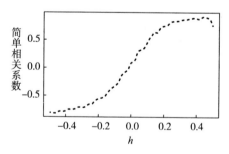

图 4-1　相关性调整系数与简单相关系数的关系

图 4-2 给出了独立假设和相依假设下的索赔强度预测模型的参数

估计结果。图4-2表明，独立假设的泊松—伽马模型的参数估计值明显受到相依性的影响，不论是正相依还是负相依，索赔频率与索赔强度的相依性越大，独立假设下的泊松—伽马模型的参数估计偏差越大。当相依性较弱时，独立假设下的泊松—伽马模型的估计偏差也较小。图4-2也给出了应用真实模型求得的估计值，即相依假设下的泊松—伽马模型。可以看出，真实模型不受索赔频率与索赔强度之间相依性大小的影响，参数估计值都趋于模型的真实值。图4-3给出了两种模型参数的标准误的比较结果。可以发现，当索赔频率与索赔强度的相依性很小时，两种模型得到的参数标准误相差不大，当索赔频率与索赔强度的相依性越大时，独立假设下模型的标准误逐渐增大。这就表明，在实际保单数据分析过程中，忽略相依性可能导致参数估计值的正负号发生变化，估计值的标准误增大，使得参数对应的 P 值统计量计算不准确，从而造成定价变量的错误选择。

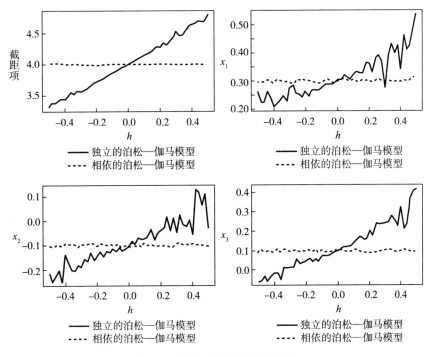

图4-2　两种模型的估计值比较

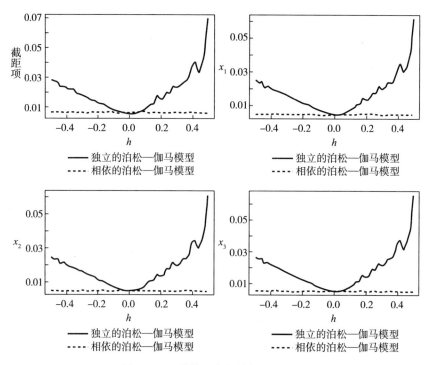

图4-3　两种模型参数的标准误比较

　　为了比较模型对保单纯保费的预测效果，对于上述模拟数据，本节以保单的累积赔款作为因变量运用 Tweedie 模型进行拟合，并得到相应的参数估计值。图4-4 显示了两种模型对保单纯保费的调整比例，其中虚线是相依假设下的泊松—伽马模型的纯保费预测值与独立假设下模型的预测值之比，实线是 Tweedie 模型的纯保费预测值与独立假设下模型的预测值之比。相依假设下的泊松—伽马模型对纯保费的平均调整比例（Average Percent Difference，APD）可以定义为：

$$APD = \frac{1}{n} \sum_{i=1}^{n} APD_i(h)$$

$$APD_i(h) = \frac{\tilde{\mu}_i \tilde{\lambda}_i \exp[\tilde{\lambda}_{ii}(e^{\tilde{h}}-1)+\tilde{h}]}{\hat{\mu}_i \hat{\lambda}_i} - 1 \qquad (4-8)$$

　　其中，n 表示保单数，$\tilde{\mu}_i$，$\tilde{\lambda}_i$，$\tilde{h}$ 都是相依假设下模型的估计值，

$\hat{\mu}_i$，$\hat{\lambda}_i$ 是独立假设下模型的估计值。$\text{APD}_i(h)$ 表示相依性对每份保单的调整比例。

Tweedie 模型对纯保费的平均调整比例可以定义为：

$$\text{APD} = \frac{1}{n} \sum_{i=1}^{n} \left[\frac{\breve{\mu}_i}{\hat{\mu}_i \hat{\lambda}_i} - 1 \right] \tag{4-9}$$

其中，$\breve{\mu}_i$ 为 Tweedie 模型对保单的纯保费预测值，具体计算方法可以参考第二章第五节的内容。

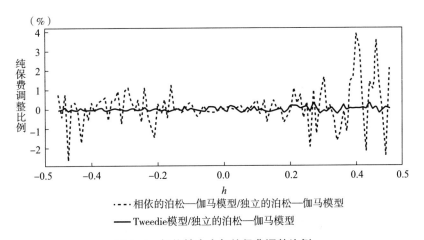

图 4-4　相依性大小与纯保费调整比例

图 4-4 表明，Tweedie 模型与独立假设下的泊松—伽马模型的纯保费预测结果几乎相同，索赔频率与索赔强度之间的相依性不会影响这两种模型的预测结果。当索赔频率与索赔强度之间的相依性很小时，相依假设下的泊松—伽马模型对纯保费的调整比例较小；当相依性逐渐增大时，图 4-5 表明相依假设下的泊松—伽马模型对纯保费预测产生了较为明显的调整作用，平均调整比例在（-2.67%，3.90%）之间。可以发现，索赔频率与索赔强度之间的相依性越大，纯保费调整比例越大。但是，从总体来看，相依性对纯保费的调整比例相对较为微弱。

综上所述，精算实务中最常使用的纯保费预测模型包括泊松—伽马模型和 Tweedie 模型。从模型本质来看，泊松—伽马模型中隐含了

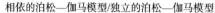

相依的泊松—伽马模型/独立的泊松—伽马模型

Tweedie模型/独立的泊松—伽马模型

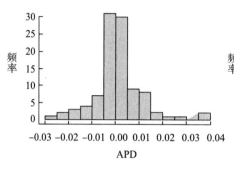

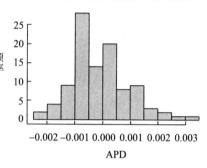

图4-5　纯保费调整比例直方图

索赔频率与索赔强度相互独立的假设，而 Tweedie 模型直接对纯保费数据进行建模，不考虑两者的相依关系。

　　本节通过数据模拟的分析方法研究表明，若索赔次数与索赔强度存在不同程度的相依关系，不论是正相依还是负相依关系，独立假设泊松—伽马模型和 Tweedie 模型对费率因子的估计都会受到影响。相依性越大，两种模型的估计偏差越高。但是，不论相依性如何改变，两种模型对纯保费的预测几乎相同。若使用相依假设下的泊松—伽马模型，就能有效地减少费率因子的估计偏差，同时也能根据相依性的大小进行纯保费预测值的调整。因此，在汽车保险的费率厘定中，用恰当的方法来描述索赔频率与索赔强度之间的相依性具有至关重要的意义。

第二节　基于两步法的纯保费预测模型

　　上节分析结果表明，独立假设下的泊松—伽马模型和 Tweedie 模型对纯保费的预测结果几乎相同，但是当索赔频率与案件赔款之间的相依性增大时，两种模型对纯保费的预测都会产生较大的偏差，因此需要将独立假设下的泊松—伽马模型推广到相依假设下的泊松—伽马模型。

　　不论是独立假设还是相依假设下的泊松—伽马模型都是基于频率—强度方法的分析框架。但是，当数据中包含大量零索赔的保单时，泊松分布将不再适合描述该类型的赔付数据。在此基础上，我们需要将现有的频率—强度方法拆分为两步，即首先预测索赔发生的概率，然后在索赔发生的条件下，预测索赔频率和索赔强度。此时，在独立假设下的纯保费的预测值将等于索赔发生概率的预测值乘以索赔发生条件下索赔频率的预测值，再乘以索赔强度的预测值。本节将这种纯保费预测方法称为两步法。

　　为了进一步考虑索赔频率与索赔强度之间的相依关系，本节在两步法的分析框架下提出了一种相依性调整模型，即首先在索赔频率与索赔强度相互独立的假设下预测纯保费，然后根据索赔频率与索赔强度的相依关系对独立性假设下的预测值进行调整。该模型的优点是，可以将纯保费的预测值分解为便于解释的两部分，一部分是独立性假设下的预测值，另一部分是索赔频率与索赔强度之间的相依性对纯保费的影响。此外，在该模型中，索赔频率与索赔强度之间的相依关系可以通过简单的线性相关系数来度量，且对纯保费的调整非常直观，便于实际应用。

一、相依性调整模型

　　为了建立相依性调整模型，首先假设保单组合包含 n 份保单，每份保单对应的损失观察值记为 (R_i, N_i, S_i, x_i)。其中，R_i 是取值为 0 和 1 的随机变量，$R_i = 1$ 表示第 i 份保单发生了索赔，$R_i = 0$ 表示没有发生索赔。$N_i(N_i \geq 1)$ 表示第 i 份保单在索赔发生条件下的索赔次数，即零截断的索赔次数观察值。$S_i(S_i > 0)$ 表示第 i 份保单在索赔发生条件下的索赔强度，即平均每次索赔的赔款金额。在没有发生索赔的条件下，即当 $R_i = 0$ 时，零截断索赔次数 N_i 和索赔强度 S_i 没有观察值。x_i 为第 i 份保单协变量向量。在实际应用中，不同预测模型的协变量不一定完全相同，但为了简化模型表述，本节所有模型使用的

协变量都用 x_i 表示。

在两步法中，首先需要预测索赔发生的概率，即对随机变量 R_i 建立回归模型，本书选择最常使用的 Logistic 回归模型，当然也可以选用 Probit 回归模型或贝塔回归模型等。假设用 $p_i = \Pr(R_i = 0)$ 表示第 i 份保单不发生索赔的概率，用 $1-p_i$ 表示第 i 份保单发生索赔的概率，则相应的 Logistic 回归模型可以表示为：

$$\text{logit}(1-p_i) = x_i \alpha$$

其中，$\text{logit}(\cdot)$ 为连接函数，即 $\text{logit}(1-p_i) = \ln((1-p_i)/p_i)$，$\alpha$ 为 Logistic 回归模型的回归系数向量。由此可得第 i 份保单的索赔概率预测值为：

$$1-p_i = 1/[\exp(-x_i \alpha) + 1] \tag{4-10}$$

在索赔发生的条件下，第 i 份保单的索赔次数为 $N_i(N_i \geq 1)$，索赔强度为 $S_i(S_i > 0)$。在索赔发生的条件下，假设索赔次数 N_i 服从零截断泊松分布（也可以选择其他零截断分布，如零截断负二项分布），其概率函数 $f_N(\cdot)$ 可以表示为：

$$\begin{cases} f_N(n_i) = \dfrac{f^{PO}(n_i)}{1-f^{PO}(0)}, & n_i = 1, \ 2, \ \cdots \\ f^{PO}(0) = \exp(-\lambda_i) \end{cases}$$

其中，$f^{PO}(n_i)$ 表示泊松分布的概率函数，其均值参数为 λ_i。

在泊松分布的均值参数中引入协变量，则零截断泊松回归模型可以表示为 $\lambda_i = d_i \exp(x_i \beta)$，其中，$\beta$ 为回归系数向量，d_i 为风险单位数。

由此可知，在索赔发生的条件下，索赔次数的期望和方差分别为：

$$\text{E}(N_i) = \frac{\lambda_i}{1-\exp(-\lambda_i)} \tag{4-11}$$

$$\text{Var}(N_i) = \frac{\lambda_i \exp(\lambda_i)}{\exp(\lambda_i)-1}\left[1 - \frac{\lambda_i}{\exp(\lambda_i)-1}\right] \tag{4-12}$$

在两步法中，假设索赔强度 S_i 服从伽马分布（也可以选择其他合适的分布，如逆高斯分布、广义伽马分布等），即 $S_i \sim \text{Gamma}(\mu_i,$

σ_i）。若在均值参数与离散参数中同时引入协变量，并使用对数连接函数，则索赔强度回归模型可以表示为：

$$\mu_i = \exp(x_i\gamma)$$

$$\sigma_i = \exp(x_i\delta)$$

其中，γ 和 δ 分别表示均值参数回归模型与尺度参数回归模型中的回归系数向量。相应地，索赔强度的期望与方差分别为：

$$\mathrm{E}(S_i) = \mu_i = \exp(x_i\gamma) \tag{4-13}$$

$$\mathrm{Var}(S_i) = \sigma_i^2\mu_i^2 = \exp(2x_i\gamma + x_i\delta) \tag{4-14}$$

在相依性调整模型中，我们首先在零截断索赔次数 N_i 和索赔强度 S_i 相互独立的假设之下进行模型的参数估计，即可以对前述的 Logistic 回归模型、零截断泊松回归模型和伽马回归模型分别进行参数估计，亦即两步法的对数似然函数可以写成上述三个模型的对数似然函数之和：

$$l = \sum_{i=1}^{l} \log f_{R,N,S}(r_i,\ n_i,\ s_i\ |\ x_i) = l_1(\alpha) + l_2(\beta) + l_3(\gamma,\delta) \tag{4-15}$$

其中，

$$\begin{cases} l_1(\alpha) = \sum_{i:r_i=0} \log(p_i) + \sum_{i:r_i=1} \log(1-p_i) \\ l_2(\beta) = \sum_{i:r_i=1} \log f_N(n_i|x_i) \\ l_3(\gamma,\delta) = \sum_{i:r_i=1} \log f_S(s_i|n_i,x_i) \end{cases}$$

通过极大似然法可以求得上述模型的参数估计值 $(\hat{\alpha}, \hat{\beta}, \hat{\gamma}, \hat{\delta})$。因此，在假设索赔频率与索赔强度相互独立的条件下，第 i 份保单的纯保费预测值可以表示为：

$$\begin{aligned} \mathrm{E}(Y_i) &= \mathrm{E}(N_iS_i) \times (1-p_i) \\ &= \mathrm{E}(N_i) \times \mathrm{E}(S_i) \times (1-p_i) \\ &= \frac{d_i\exp(x_i\hat{\beta} + x_i\hat{\gamma})}{[1-\exp(-d_i\exp(x_i\hat{\beta}))][\exp(-x_i\hat{\alpha})+1]} \tag{4-16} \end{aligned}$$

二、相依性对纯保费预测值的调整

在两步法中，如果考虑索赔频率与索赔强度之间存在的相依关系，则纯保费的预测值可以表示为：

$$E(Y_i) = E(N_i S_i) \times (1-p_i)$$

$$= \left[E(N_i) \times E(S_i) + \rho \sqrt{Var(N_i) Var(S_i)} \right] \times (1-p_i)$$

$$= \frac{d_i \exp(x_i\beta + x_i\gamma)}{\left[1-\exp(-d_i \exp(x_i\beta)) \right] \left[\exp(-x_i\alpha) + 1 \right]} +$$

$$\rho \sqrt{\frac{\lambda_i \exp(\lambda_i)}{\exp(\lambda_i)-1} \left[1 - \frac{\lambda_i}{\exp(\lambda_i)-1} \right] \exp(2x_i\gamma + x_i\delta)} \frac{1}{\left[\exp(-x_i\alpha) + 1 \right]}$$

$$(4-17)$$

其中，$1-p_i$ 表示发生索赔的概率；ρ 是零截断索赔次数与索赔强度之间的相关系数；$Var(N_i)$ 和 $Var(S_i)$ 分别表示在索赔发生的条件下索赔次数和索赔强度的方差。

从式（4-17）可以看出，如果考虑索赔频率与索赔强度之间的相依关系，则纯保费的预测值由下述四个部分构成：

（1）索赔发生的概率可以由式（4-10）求得。

（2）在索赔发生的条件下，零截断索赔次数的期望与方差可以由式（4-11）和式（4-12）求得。

（3）在索赔发生的条件下，索赔强度的期望与方差可以由式（4-13）和式（4-14）求得。

（4）在索赔发生的条件下，零截断索赔次数与索赔强度的相关系数可以由式（4-18）求得。

$$\hat{\rho} = \frac{\sum\limits_{i:\, r_i=1} (N_i - \bar{N})(S_i - \bar{S})}{\sqrt{\sum\limits_{i:\, r_i=1} (N_i - \bar{N})^2 (S_i - \bar{S})^2}} \qquad (4-18)$$

其中，$\bar{N}$ 表示零截断索赔次数的样本平均值，$\bar{S}$ 表示索赔强度的样本平均值。

比较式（4-17）和式（4-16）可知，索赔频率与索赔强度之间的相依性对纯保费预测值的影响为：

$$\xi_i = \rho(1-p_i)\sqrt{\mathrm{Var}(N_i)\mathrm{Var}(S_i)} \qquad (4-19)$$

在索赔发生的条件下，如果零截断索赔次数与索赔强度的相关系数为零，即 $\rho=0$，则纯保费的预测值与式（4-19）相等，即等价于索赔频率与索赔强度独立性假设下的纯保费预测值。在索赔频率与索赔强度正相依的情况下，独立性假设会低估纯保费，而在负相依的情况下，独立假设会高估纯保费。

式（4-19）还表明，当索赔发生的概率（$1-p_i$）或零截断索赔次数的标准差 $\sqrt{\mathrm{Var}(N_i)}$，或索赔强度的标准差 $\sqrt{\mathrm{Var}(S_i)}$ 增大时，索赔频率与索赔强度之间的相依性对纯保费预测值的影响也会变大。

三、Copula 相依模型

在现有研究文献中，还可以通过 Copula 函数构建索赔次数和索赔强度的相依关系。该方法主要是通过 Copula 构建索赔次数与索赔强度的联合分布函数。与基于两步法的纯保费预测模型类似，该方法需要使用零截断的索赔次数数据，并通过 Logistic 回归模型预测发生零次索赔的概率。该方法的优点是可以更为灵活地描述索赔频率与索赔强度之间的非线性相依结构，但若 Copula 函数选取不恰当，可能会影响纯保费预测结果的合理性。

在 Copula 相依模型中，应用 Copula 函数来描述索赔次数与索赔强度之间的相依关系。在索赔发生的条件下，索赔次数与索赔强度之间的相依性可以由二元 Copula 函数来刻画。在两步法的框架下，Copula 相依模型可以表示为：

$$\begin{cases} R_i \sim \mathrm{Bernoulli}(1-p_i), & \mathrm{logit}(1-p_i)=x_i\alpha \\ N_i \sim \mathrm{ZP}(\lambda_i), & \lambda_i=d_i\exp(x_i\beta) \\ S_i \sim \mathrm{GA}(\mu_i,\sigma), & \mu_i=\exp(x_i\gamma) \\ \Pr(N_i\leq n_i,S_i\leq s_i|x_i)=\mathrm{C}(F_N(n_i|x_i),F_S(s_i|x_i);\tau) \end{cases} \qquad (4-20)$$

其中，C(·) 表示 Copula 函数，通常选择 Archimedean Copula 或者椭圆 Copula。$F_N(n_i \mid x_i)$ 和 $F_S(s_i \mid x_i)$ 分别表示零截断索赔次数与索赔强度的分布函数。τ 为 Copula 函数中的参数，用于度量索赔次数与索赔强度的相依性大小。在索赔发生的条件下，零截断索赔次数 N_i 与索赔强度 S_i 的联合密度函数可以表示为：

$$f_{N,S}(n_i, s_i \mid x_i) = f_S(s_i \mid x_i) \times$$
$$[c_2(F_N(n_i \mid x_i), F_S(s_i \mid x_i), \tau) - c_2(F_N(n_i - 1 \mid x_i), F_S(s_i \mid x_i), \tau)]$$

其中，$c_2(t_1, t_2; \tau) = \dfrac{\partial C(t_1, t_2; \tau)}{\partial t_2}$。

随机变量 (R_i, S_i, N_i) 的联合密度函数可以表示为：

$$f_{R,N,S}(r_i, n_i, s_i \mid x_i) = p_i^{1-r_i}(1-p_i)^{r_i} \times f_S(s_i \mid x_i)^{r_i} \times$$
$$[c_2(F_N(n_i \mid x_i), F_S(s_i \mid x_i), \tau) -$$
$$c_2(F_N(n_i - 1 \mid x_i), F_S(s_i \mid x_i), \tau)]^{r_i}$$

Copula 相依模型的对数似然函数可以表示为：

$$l = \sum_{i=1}^{n} \log f_{R,N,S}(r_i, n_i, s_i \mid x_i) = l_1(\alpha) + l_2(\beta, \gamma, \tau) \quad (4-21)$$

其中，

$$\begin{cases} l_1(\alpha) = \sum_{i:\, r_i=0} \log(p_i) + \sum_{i:\, r_i=1} \log(1 - p_i) \\ l_2(\beta, \gamma, \tau) = \sum_{i:r_i=1} \log f_{S \mid N}(s_i \mid n_i, x_i) + \sum_{i:r_i=1} \log[c_2(F_N(n_i \mid x_i), \\ \qquad F_S(s_i \mid x_i), \tau) - c_2(F_N(n_i - 1 \mid x_i), F_S(s_i \mid x_i), \tau)] \end{cases}$$

极大化式（4-21）就可以求得 Copula 相依模型的参数估计值 $(\hat{\alpha}, \hat{\beta}, \hat{\gamma}, \hat{\tau})$。在 Copula 相依模型中，保单纯保费的预测值没有显示表达式，只能通过蒙特卡罗模拟的方法得到保单组合总赔款损失的预测分布。蒙特卡罗模拟具体步骤如下：

（1）根据 Copula 相依模型的参数估计值 $(\hat{\alpha}, \hat{\beta}, \hat{\gamma}, \hat{\tau})$，计算第 i 份保单的不发生索赔概率 $\hat{p}_i = \exp(-x_i\hat{\alpha})/[\exp(-x_i\hat{\alpha})+1]$，零截断泊松分布的参数 $\hat{\lambda}_i = \exp(x_i\hat{\beta})$，以及伽马分布的参数 $\hat{\mu}_i = \exp(x_i\gamma)$ 和 $\hat{\sigma}$，其中 $i=1, 2, \cdots, I$。

（2）根据伯努利分布的均值 $1-\hat{p}_i$，模拟随机变量 R_i；若 $R_i=0$，该保单的累积赔款 $Y_i=0$；若 $R_i\neq0$，根据二元 Copula 函数及其参数估计值 $\hat{\tau}$，首先模拟生成服从均匀分布（0，1）的伪随机数（u_{i1}，u_{i2}）。

（3）根据 $N_i=F_{N_i}^{-1}(u_{i1})$ 模拟索赔次数 N_i，其中 $F_{N_i}^{-1}(\cdot)$ 为参数 $\hat{\lambda}_i$ 的零截断泊松分布的分布函数。

（4）根据 $S_i=F_{S_i}^{-1}(u_{i2})$ 模拟索赔强度，其中 $F_{S_i}^{-1}(\cdot)$ 为参数 $\hat{\mu}_i$ 和 $\hat{\sigma}$ 的伽马分布，并计算第 i 份保单的累积赔款 $Y_i=N_i\times S_i$。

（5）重复步骤（1）~（4）进行 T 次模拟，第 i 份保单的纯保费预测值为 $\hat{Y}_i=\sum_{t=1}^{T}Y_i^t$。

四、共同随机效应模型

在索赔频率回归模型与索赔强度回归模型中加入相同的随机效应，就可以构建出所谓的共同随机效应模型。该模型通过共同随机效应来描述索赔频率与索赔强度之间的相依关系。在两步法的框架下，共同随机效应模型可以表示为：

$$\begin{cases} R_i\sim\text{logistic}(1-p_i), & \text{logit}(1-p_i)=x_i\alpha \\ N_i|u_i\sim\text{ZP}(\lambda_i), & \lambda_i=d_i\exp(x_i\beta+u_i) \\ S_i|u_i\sim\text{GA}(\mu_i,\sigma), & \mu_i=\exp(x_i\gamma+h\times u_i) \end{cases}$$

其中，u_i 为第 i 份保单的随机效应，每个随机效应都服从独立同分布的正态分布，即 $u_i\sim N(0,\sigma_u^2)$。h 为尺度参数，用于调整随机效应对索赔频率和索赔强度的不同影响。

在索赔发生的条件下，零截断索赔次数与索赔强度的联合密度函数可以表示为：

$$f_{N,S}(n_i,s_i|x_i)=\int f_{N,S}(n_i,s_i|u_i,x_i)f(u_i)\,\mathrm{d}u_i$$

在共同随机效应模型中，随机变量（R_i，S_i，N_i）的联合密度函数可以表示为：

$$f_{R,N,S}(r_i, n_i, s_i | x_i) = p_i^{1-r_i}(1-p_i)^{r_i} \times \left[\int f_{N,S}(n_i, s_i | u_i, x_i) f(u_i) \mathrm{d}u_i \right]^{r_i}$$

共同随机效应模型的对数似然函数可以表示为：

$$l = \sum_{i=1}^{I} \log f_{R,N,S}(r_i, n_i, s_i | x_i) = l_1(\alpha) + l_2(\beta, \gamma, h, \sigma_u^2) \quad (4-22)$$

其中，

$$\begin{cases} l_1(\alpha) = \sum_{i:r_i=0} \log(p_i) + \sum_{i:r_i=1} \log(1-p_i) \\ l_2(\beta, \gamma, h, \sigma_u^2) = \sum_{i:\,r_i=1} \log\left[\int f_{N,S}(n_i, s_i | u_i, x_i) f(u_i) \mathrm{d}u_i \right] \end{cases}$$

共同随机效应模型的极大似然函数中包含积分项，使得极大化式十分困难。因此，本节使用贝叶斯估计方法可以求得共同随机效应模型的参数估计值 $(\hat{\alpha}, \hat{\beta}, \hat{\gamma}, \hat{h}, \hat{\sigma}_u^2)$。在共同随机效应模型中，保单纯保费的预测值同样没有显示表达式，可以运用 MCMC 模拟方法得到保单组合的总赔款损失的预测分布。模拟具体步骤如下：

（1）运用贝叶斯估计方法可以得到模型参数的 T 个样本 $(\hat{\alpha}^t, \hat{\beta}^t, \hat{\gamma}^t, \hat{\sigma}^t, \hat{h}^t)$，$t=1, 2, \cdots, T$，并根据每个样本结果计算第 i 份保单的不发生索赔概率 $\hat{p}_i^t = \exp(-x_i \hat{\alpha}^t) / [\exp(-x_i \hat{\alpha}^t) + 1]$，零截断泊松分布的参数 $\hat{\lambda}_i^t = \exp(x_i \hat{\beta}^t)$，其中 $i=1, 2, \cdots, I$。

（2）根据伯努利分布的均值 $1-\hat{p}_i^t$，模拟随机变量 R_i^t；若 $R_i^t = 0$，该保单的累积赔款 $Y_i^t = 0$；若 $R_i^t \neq 0$，根据参数为 $\hat{\lambda}_i^t$ 的零截断泊松分布，模拟索赔次数 N_i^t。

（3）根据每个样本的 $\hat{\sigma}^t$，模拟生产一组随机效应 $(u_1^t, u_2^t, \cdots, u_N^t)$。

（4）计算伽马分布的参数 $\hat{\mu}_i^t = \exp(x_i \hat{\gamma}^t + \hat{h}^t \times u_i^t)$，$i=1, 2, \cdots, N$，并模拟索赔强度 S_i^t。

（5）第 i 份保单的纯保费预测值为 $\hat{Y}_i = \sum_{t=1}^{T} S_i^t \times N_i^t$。

第三节　实际数据分析

一、描述性分析

下面通过一组汽车保险的实际数据来研究上述相依性模型在纯保费预测中的应用。本书的数据来源于孟生旺（2014），该数据包含我国一家财产保险公司在一个完整的保单年度的共71784份保单的索赔数据。因变量是每个保单对应的索赔次数、索赔强度及累积赔款，协变量包括：保单类型、车主性别、车主年龄、车龄和居住地区。协变量都是分类变量，它们各自的水平如表4-1所示，其中保单类型中的"转入"表示从其他保险公司转入到该公司的保单。该组数据的个体保单对应的车年数均为1。

表4-1中的经验索赔频率是每个风险类别的经验索赔次数与车年数之比，表示每个风险类别中平均每个车年的索赔次数。经验索赔强度是每个风险类别的累积损失金额与索赔次数之比，表示每个风险类别中平均每次索赔的赔款金额。经验纯保费是每个风险类别的累积赔款与车年数之比。经验索赔频率与经验索赔强度在保单类型、车主年龄、车龄和居住地区的不同水平下都呈现较为明显的差异，但是在车主性别中不同水平的差异不大。表4-2显示了个体保单的索赔次数的经验分布，索赔次数最大值为12次，最小值为0，其中零索赔的保单占保单组合的55.3%，表明索赔次数可能存在零膨胀特点。图4-6显示了索赔强度的经验分布情况，其中索赔强度的最大值为9531元，最小值为5，均值（1338）大于中位数（935），表明索赔强度的分布存在明显的尖峰厚尾特征。

表 4-1 变量的描述性分析

变量	变量水平	车年数占比（%）	车年数（车年）	经验索赔频率（次）	经验索赔强度（元）	经验纯保费（元）
年龄	18~25 岁	6	4458	0.752	1382	983
	25~30 岁	14	9957	0.739	1360	950
	30~50 岁	63	45192	0.679	1351	859
	50~60 岁	14	10057	0.661	1261	788
	60~100 岁	3	2120	0.651	1196	747
车龄	0~1 年	25	18143	0.662	1386	862
	2~7 年	67	47997	0.702	1326	876
	8 年及以上	8	5644	0.659	1281	798
性别	男性	67	23714	0.694	1337	872
	女性	33	48070	0.686	1338	863
地区	北京	73	52453	0.739	1339	925
	上海	15	10616	0.569	1369	758
	天津	7	3997	0.543	1315	630
	重庆	6	4718	0.524	1263	658
保单类型	新车	7	5251	0.661	1403	867
	续保一年	25	17611	0.671	1345	848
	续保两年	15	10944	0.651	1317	806
	续保三年及以上	14	10341	0.628	1239	738
	转入	39	27637	0.743	1362	949

表 4-2 索赔次数的经验分布

索赔次数	频数（个）	频率（%）
0	40471	56.38
1 次	17982	25.05
2 次	9744	13.57
3 次	2655	3.70
4 次及以上	932	1.30
合计	71784	100

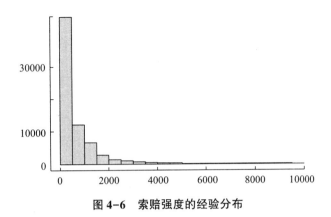

图4-6 索赔强度的经验分布

若不考虑协变量的影响，在索赔发生的条件下，索赔次数观察值与索赔强度观察值之间的皮尔逊相关系数为-0.122，Kendall 秩相关系数为-0.022，Spearman 等级相关系数为-0.028，相关性检验的 P 值都显著不为零。若考虑协变量的影响，则在索赔发生的条件下，可以分别建立索赔频率的零截断泊松回归模型和索赔强度的伽马回归模型，这两个回归模型的标准化残差之间的皮尔逊相关系数为-0.067，Kendall 秩相关系数为-0.022，Spearman 等级相关系数为-0.014，相关性检验的 P 值也都显著不为零。这就意味着，该组数据的索赔频率与索赔强度之间确实存在一定程度的负相依关系。

二、基于累积赔款和频率—强度方法的估计结果

在车险费率厘定过程中，为了研究模型的拟合效果和预测能力，本书将数据分为训练集和测试集，随机抽取 80% 的数据作为训练集，用于建立模型和估计参数；另外 20% 的数据作为测试集，用于评估模型的预测能力。

首先，为了研究基于累积赔款的纯保费预测模型和基于频率—强度方法的纯保费预测模型，本节对训练集中的索赔次数数据建立泊松回归模型，对索赔强度数据建立伽马回归模型，对累积赔款（纯保费数据）建立 Tweedie 回归模型。为了模型估计结果的稳定性，本节选

择基准水平的原则是：使得风险分类后的基准水平中包含的车年数最多。基于该组数据的特点，本节将保单类型中的"转入"、年龄中的"60~100 岁"、车龄中的"2~7 年"、地区中的"北京"以及性别中的"男性"作为基准水平。

表 4-3 是独立假设下的泊松—伽马模型与 Tweedie 模型对费率因子的估计值，相当于对模型的参数估计值进行了指数变换。泊松—伽马模型的纯保费因子等于索赔次数的费率因子和索赔强度的费率因子之积。Tweedie 模型以纯保费的经验数据作为因变量，所以对回归系数进行指数变换即可直接得到纯保费因子。值得注意的是，"性别"变量在两个模型中都不显著，所以将"性别"变量从费率因子中剔除。总体上看，两种模型对费率因子的估计值比较接近。在 Tweedie 回归模型中，除了"保单类型"中的一个水平"新车"在统计上不显著外，其他费率因子在 1% 的显著性水平下都呈现显著差异。相对于 Tweedie 回归模型，泊松—伽马模型在费率厘定过程中能够提供更多有价值的信息，譬如，如果单独考察索赔频率与索赔强度，可以发现在不同地区之间的索赔频率呈现出显著的差异，但是不同地区之间的索赔强度差异并不明显。这个结果也表明，Tweedie 模型有可能无法揭示一部分有价值的信息。

表 4-3　泊松—伽马模型与 Tweedie 模型对费率因子的估计值

| 变量 | 变量水平 | 独立假设下的泊松—伽马模型 | | | Tweedie 模型 |
		索赔频率因子 （1）	索赔强度因子 （2）	纯保费因子 （3）=（1）×（2）	纯保费因子
年龄	18~25 岁	1.085 ***	1.010	1.096	1.093 ***
	25~30 岁	1.066 ***	1.009	1.076	1.075 ***
	30~50 岁	1	1	1	1
	50~60 岁	0.975 *	0.936 ***	0.913	0.913 ***
	60~100 岁	0.943 *	0.896 ***	0.845	0.847 ***
车龄	0~1 年	0.902 ***	1.021 *	0.921	0.922 ***
	2~7 年	1	1	1	1
	8 年及以上	0.922 ***	0.967 *	0.892	0.891 ***

变量	变量水平	独立假设下的泊松—伽马模型			Tweedie 模型
		索赔频率因子 （1）	索赔强度因子 （2）	纯保费因子 （3）=（1）×（2）	纯保费因子
地区	北京	1	1	1	1
	上海	0.748 ***	1.046 ***	0.782	0.782 ***
	天津	0.687 ***	0.994	0.683	0.681 ***
	重庆	0.720 ***	0.912 ***	0.657	0.658 ***
保单类型	新车	1.006	1.044 **	1.050	1.053
	续保一年	0.905 ***	1.007	0.911	0.910 ***
	续保两年	0.848 ***	0.9887	0.838	0.837 ***
	续保三年及以上	0.840 ***	0.947 ***	0.795	0.793 ***
	转入	1	1	1	1

注：*** 表示在1%的水平下显著；** 表示在5%的水平下显著；* 表示在10%的水平下显著。

表 4-4 是独立假设和相依假设下泊松—伽马模型的参数估计值。两种模型的索赔频率预测模型都运用泊松回归模型，并且得到几乎相同的估计结果。与独立假设的模型相比，在相依假设下的模型将索赔次数作为协变量引入索赔强度的伽马回归模型中，索赔频率与索赔强度之间的相关关系由回归系数 h 决定。回归系数 h 的估计值为−0.12，且可以构建回归系数 h 的统计量：

$$\frac{\hat{h}}{\text{var}(\hat{h})} = \frac{-0.12}{0.00521} = -23.22$$

其中，该统计量渐近服从正态分布。结果表明，在95%的置信度水平下，可以拒绝原假设 $H_0：h=0$。这就表明索赔频率与索赔强度是负相依的。

表 4-4　独立假设和相依假设下泊松—伽马模型的参数估计值

变量	独立假设		相依假设	
	泊松回归	伽马回归	泊松回归	伽马回归
截距项	−0.20 ***	7.16 ***	−0.20 ***	7.40 ***

变量	独立假设		相依假设	
	泊松回归	伽马回归	泊松回归	伽马回归
18~25 岁	0.10***	0.02	0.10***	0.03
25~30 岁	0.07***	0.01	0.07***	0.01
50~60 岁	−0.03**	−0.06***	−0.03**	−0.05***
60~100 岁	−0.03***	−0.11	−0.03***	−0.11
0~1 年	−0.10***	0.01	−0.10***	−0.01
8 年以及以上	−0.07***	−0.02	−0.07***	−0.02
上海	−0.28***	0.05**	−0.28***	0.05**
天津	−0.36***	0.02	−0.36***	−0.01
重庆	−0.30	−0.12***	−0.30	−0.13***
新车	−0.01***	0.03	−0.01***	0.05
续保一年	−0.11***	−0.01	−0.11***	−0.02
续保两年	−0.17***	−0.02	−0.17***	−0.03
续保三年及以上	−0.21***	−0.07***	−0.21***	−0.08***
回归系数 h	—		−0.12	

注：*** 表示在1%的水平下显著；** 表示在5%的水平下显著；* 表示在10%的水平下显著。

下面分别运用独立假设和相依假设下的泊松—伽马模型对剩下的20%测试集数据的保单进行纯保费预测，并计算得到相依假设下的预测值与独立假设下预测值之比，即相依性对纯保费的调整比例：$APD_i(h)$。图4-7表明，独立假设下的泊松—伽马模型与Tweedie模型的预测结果几乎相同，相依假设对纯保费的预测进行了微小的调整。图4-8显示了相依性对每个保单的保费预测值的调整比例，最小值为1.06%，最大值为7.08%，平均调整比例为3.27%。这就表明，索赔频率与索赔强度之间的相依性使得纯保费的预测平均增加了3.27%。但是，这与实际情况是相违背的，回归系数 h 的估计结果表明，索赔频率与索赔强度存在负相依的情况，即索赔次数越高的保单，索赔强度越低，从理论上分析相依性应该会导致纯保费预测的降低，对纯保费的调整比例应该为负值。

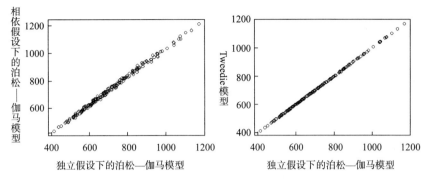

图 4-7 纯保费预测值的比较

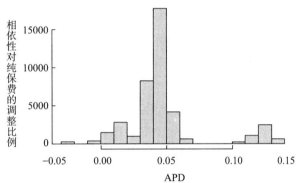

图 4-8 相依性对纯保费预测的平均调整比例

为了比较模型的预测效果，本节应用上述模型分别对测试集中各个保单的纯保费进行预测，并应用预测均方误差和预测绝对误差来评价模型的预测能力。本节根据测试集中保单的风险特征（保单类别、年龄、车龄和地区），将测试集数据进行汇总，从而得到每个风险类别的纯保费预测值。预测均方误差（RMSE）和预测绝对误差（RMAE）的定义如下：

$$\text{RMSE} = \frac{1}{G} \sum_{g=1}^{G} (P_g - Y_g)^2 / 1000000$$

$$\text{RMAE} = \frac{1}{G} \sum_{g=1}^{G} |P_g - Y_g| / 1000$$

其中，G 是测试集的风险类别数，P_g 是在测试集的第 g 个风险类别中所有个体保单的纯保费预测值之和，Y_g 是在第 g 个风险类别中所有个体保单的累积赔款之和。独立假设和相依假设下的泊松—伽马模型以及 Tweedie 模型的预测均方误差分别为 2080、2605 和 2116，预测绝对误差分别为 6.97、7.34 和 6.99，表明独立假设下的泊松—伽马模型和 Tweedie 模型的预测效果相差不大，均优于相依假设下的泊松—伽马模型。主要原因在于，在索赔频率与索赔强度存在负相依的情况下，相依假设下的泊松—伽马模型对纯保费预测值进行了正向调整，使得纯保费的预测值增加，从而导致预测的不准确。

综上所述，对于该数据而言，相依假设下的泊松—伽马模型的预测结果不再合理。因此，我们需要寻找一种更为有效的方法来描述索赔频率与索赔强度之间的相依关系以及对个体保单纯保费进行预测。

三、基于两步法的模型估计结果

考虑到泊松—伽马模型不能很好地拟合该数据，主要体现在该数据的保单组合中包含了大量零索赔的保单，使得索赔次数数据出现零膨胀的特征。下面在两步法的基础上重新构建索赔频率与索赔强度的相依性模型，即首先预测保单发生索赔的概率，然后在索赔发生的条件下，预测索赔频率与索赔强度，并且同时根据相依性对保单纯保费预测值进行调整。

下面分别对上述训练集的数据建立相依性调整模型、Copula 相依模型以及共同随机效应模型。最优化式（4-15）、式（4-12）和式（4-22）的对数似然函数，可以分别求得上述所有模型的参数估计结果。由于共同随机效应模型的对数似然函数中包含一个非常复杂的积分项，所以本节应用贝叶斯 MCMC 方法估计该模型的参数。

表 4-5 给出了相依性调整模型的参数估计值和对应的 P 值。在该表中，保单类型中的"转入"、年龄中的"60~100 岁"、车龄中的"2~7 年"、地区中的"北京"以及性别中的"男性"为基准水平。由表 4-5 可知，在均值参数的回归部分，性别对索赔发生概率、零截断索赔频率和索赔强度都无显著影响，而保单类型、车龄以及地区对索赔发生概率、零截断索赔频率以及索赔强度都有显著影响。年龄对

零截断索赔频率并无显著影响，但对索赔发生概率和索赔强度具有显著影响。总体来看，保单类型、车主年龄、车龄以及地区在费率厘定中具有重要作用。在尺度参数的回归部分，仅有保单类型、性别以及地区对伽马回归模型的尺度参数具有显著影响。

表 4-5　相依性调整模型的参数估计值

变量		logistic 回归（索赔发生概率）		零截断泊松回归（零截断索赔频率）		伽马回归（索赔强度）	
		估计值	P 值	估计值	P 值	估计值	P 值
均值参数的回归	截距项	−0.05	0.01	0.12	0.00	7.23	0.00
	新车	−0.09	0.02	0.10	0.01	0.04	0.12
	续保一年	−0.13	0.00	−0.10	0.00	−0.02	0.12
	续保两年	−0.21	0.00	−0.13	0.00	−0.03	0.07
	续保三年及以上	−0.31	0.00	−0.09	0.00	−0.08	0.00
	18~25 岁	0.14	0.00	0.07	0.03	0.00	0.92
	25~30 岁	0.13	0.00	0.01	0.79	0.00	0.78
	30~50 岁	−0.06	0.02	0.01	0.59	−0.07	0.00
	50~60 岁	0.00	0.97	−0.09	0.08	−0.13	0.00
	0~1 年	−0.06	0.02	−0.17	0.00	0.01	0.29
	8 年及以上	−0.14	0.00	0.03	0.38	−0.02	0.28
	上海	−0.35	0.00	−0.20	0.00	0.00	0.74
	天津	−0.40	0.00	−0.32	0.00	0.00	0.88
	重庆	−0.40	0.00	−0.17	0.00	−0.11	0.00
尺度参数的回归	截距项	—	—	—	—	−0.28	0.00
	新车	—	—	—	—	0.08	0.00
	续保一年	—	—	—	—	−0.02	0.17
	续保两年	—	—	—	—	−0.01	0.69
	续保三年及以上	—	—	—	—	−0.03	0.01
	女性	—	—	—	—	−0.02	0.02
	上海	—	—	—	—	−0.13	0.00
	天津	—	—	—	—	0.05	0.01
	重庆	—	—	—	—	0.10	0.00

在本节使用的数据中，零截断索赔次数的观察值与索赔强度的观察值之间存在一定的负相依关系，所以相依性调整模型对纯保费的预测值将小于独立性假设下的纯保费预测值。由式（4-19）可知，对于不同的保单，相依性对纯保费预测值的影响也是不同的。图4-9显示了负相依性使得纯保费降低的百分比及其分布情况。从总体上看，负相依关系使得纯保费平均降低了4.6%，最低降低了3.5%，最高降低了5.5%。进一步的分析表明，纯保费较小的保单，负相依性使得其纯保费降低的百分比相对较大，而纯保费较大的保单，负相依性使得其纯保费降低的百分比相对较小。

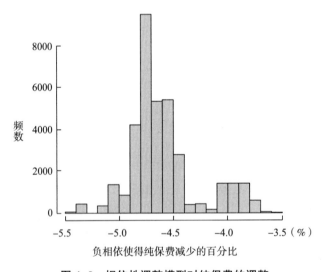

负相依使得纯保费减少的百分比

图4-9　相依性调整模型对纯保费的调整

为了与现有文献的相依性模型结果相比较，本节运用Copula相依模型和共同随机效应模型分别拟合该组赔付数据。表4-6给出了四种不同结构的Copula模型的拟合优度统计量。不同Copula函数对应不同的相依结构，Gaussian Copula和Frank Copula的相依结构是对称的，能够描述正相依结构和负相依结构。Clayton Copula的相依结构具有非对称性，上尾低下尾高，对下尾处的变化比较敏感，主要用于描述下尾的相依性。Gumble Copula也具有非对称性，上尾高下尾低，对上尾的变化比较敏感，主要用于描述上尾的相依性，Clayton Copula和

Gumble Copula 只能描述正相依结构。从模型 AIC 和 BIC 统计量可以看出，Gaussian Copula 对该组数据的拟合效果最好。由此看来，索赔频率与索赔强度之间的相依可以由 Gaussian Copula 来描述，Gaussian Copula 对参数估计值为 -0.10，估计值对应的 Kendall's tau 为 -0.063，表明两者存在一定的对称的负相依关系。而 Clayton Copula 和 Gumbel Copula 的估计结果表明两者存在一定的正相依关系，这与 Copula 选择的结构有关系，因此得到了与实际完全不符合的结论。

表 4-6　不同结构 Copula 参数估计和拟合优度比较

Copula 函数	Gaussian Copula	Clayton Copula	Gumbel Copula	Frank Copula
Copula 参数估计值	-0.10	0.067	1	-0.314
Kendall's tau	-0.063	0.0324	0	-0.0349
AIC 统计量	533717	533847	533871	532289
BIC 统计量	534112	534241	534265	532683

表 4-7 给出了 Gaussian Copula 模型参数的估计结果。可以发现，Copula 相依性模型的回归系数的估计值与相依性调整模型都得到了几乎相同的结论，也从另一个角度说明了本章提出的相依性调整模型的可行性。

表 4-7　Copula 相依性模型的参数估计值（Gaussian Copula）

变量	Logistic 回归（索赔发生概率）		零截断泊松回归（零截断索赔频率）		伽马回归（索赔强度）	
	估计值	P 值	估计值	P 值	估计值	P 值
截距项	-0.04	0.02	0.12	0.02	7.23	0.01
新车	-0.09	0.04	0.10	0.04	0.04	0.02
续保一年	-0.13	0.02	-0.10	0.02	-0.02	0.01
续保两年	-0.21	0.03	-0.13	0.03	-0.03	0.02
续保三年及以上	-0.31	0.03	-0.09	0.03	-0.08	0.02
18~25 岁	0.14	0.04	0.07	0.03	0.01	0.02
25~30 岁	0.13	0.03	0.01	0.02	0.00	0.01
30~50 岁	-0.06	0.03	0.01	0.02	-0.07	0.01
50~60 岁	0.00	0.05	-0.08	0.05	-0.13	0.03

变量	Logistic 回归（索赔发生概率）		零截断泊松回归（零截断索赔频率）		伽马回归（索赔强度）	
	估计值	P 值	估计值	P 值	估计值	P 值
0~1 年	-0.06	0.02	-0.17	0.02	0.02	0.01
8 年及以上	-0.14	0.03	0.03	0.03	-0.02	0.02
上海	-0.35	0.03	-0.19	0.03	0.00	0.01
天津	-0.40	0.04	-0.32	0.04	0.00	0.02
重庆	-0.40	0.04	-0.17	0.04	-0.11	0.02
尺度参数	—	—	—	—	0.74	0.00

表4-8 给出了共同随机效应模型的参数估计值和可信区间。由于共同随机效应模型的对数似然函数中包含一个非常复杂的积分项，所以本节应用贝叶斯 MCMC 方法估计该模型的参数。在贝叶斯方法中，为了确保模型的参数估计值收敛，我们运用 Hamiltonian Monte Carlo（HMC）算法进行了 8000 次抽样，剔除前 2000 个样本后每隔 2 次抽取一个样本，并基于剩余的样本得到参数的均值与可信区间。HMC 算法属于 MCMC 算法的一种，与传统的贝叶斯 MCMC 算法相比，HMC 算法具有易收敛性，且收敛速度快等优点。在共同随机效应模型中，相依性是由索赔频率与索赔强度的共同随机效应调节系数 h 决定的。调节系数 h 的估计值为 -0.06，同样表明索赔频率与索赔强度之间存在负相依关系。

综上所述，将两步法的结果与 Tweedie 回归模型的参数估计结果相比较，与两步法模型相比，Tweedie 回归模型直接对纯保费的观察值建模。Tweedie 回归模型中保单类型、车主年龄、车龄和地区变量均对纯保费有显著影响。但 Tweedie 回归模型的缺点是无法识别协变量对索赔频率与索赔强度的不同影响。譬如，在 Tweedie 回归模型中，年龄对纯保费有显著影响，但是，如果单独考察索赔发生概率模型和零截断索赔频率模型，可以发现年龄对索赔发生概率有显著影响，但对零截断索赔频率影响不显著，说明年龄的大小仅与保单是否发生索赔的概率有关，但对具体索赔次数的影响微乎其微。这也说明了应用两步法建模的必要性。

表 4-8 共同随机效应模型的参数估计值和可信区间

变量	Logistic 回归（索赔发生概率）		零断泊松回归（零截断索赔频率）		伽马回归（索赔强度）	
	众数	95%的可信区间	众数	95%的可信区间	众数	95%的可信区间
截距项	-0.04	(-0.07, -0.04)	0.11	(0.09, 0.11)	6.93	(6.91, 6.93)
新车	-0.09	(-0.15, -0.09)	0.10	(0.05, 0.1)	-0.01	(-0.05, -0.01)
续保一年	-0.13	(-0.16, -0.13)	-0.10	(-0.13, -0.1)	-0.01	(-0.03, -0.01)
续保两年	-0.21	(-0.25, -0.21)	-0.12	(-0.16, -0.12)	-0.02	(-0.04, -0.02)
续保三年及以上	-0.31	(-0.36, -0.31)	-0.09	(-0.14, -0.09)	-0.06	(-0.09, -0.06)
18~25 岁	-0.35	(-0.39, -0.35)	-0.20	(-0.24, -0.2)	0.08	(0.05, 0.08)
25~30 岁	-0.39	(-0.45, -0.39)	-0.32	(-0.39, -0.32)	-0.04	(-0.07, -0.04)
30~50 岁	-0.40	(-0.46, -0.4)	-0.16	(-0.23, -0.16)	-0.18	(-0.22, -0.18)
50~60 岁	0.14	(0.08, 0.14)	0.07	(0.02, 0.07)	0.01	(-0.02, 0.01)
0~1 年	0.13	(0.09, 0.13)	0.01	(-0.03, 0.01)	0.01	(-0.01, 0.01)
8 年及以上	-0.06	(-0.1, -0.06)	0.01	(-0.03, 0.01)	-0.06	(-0.09, -0.06)
上海	0.00	(-0.08, 0)	-0.09	(-0.17, -0.09)	-0.09	(-0.14, -0.09)
天津	-0.06	(-0.1, -0.06)	-0.17	(-0.2, -0.17)	0.00	(-0.02, 0)
重庆	-0.14	(-0.19, -0.14)	0.03	(-0.02, 0.03)	-0.03	(-0.06, -0.03)
尺度参数	—	—	—	—	1.34	(1.30, 1.38)
共同随机效应调节系数 h	—	—	—	—	-0.06	(-0.08, -0.04)
共同随机效应标准差	—	—	—	—	-0.74	(-0.73, -0.75)

四、模型拟合与预测能力比较

为了检验本书提出的基于两步法的相依性调整模型的应用价值，我们首先根据验证数据集中的风险特征（保单类别、年龄、车龄和地区），将测试集数据划分为 205 个风险类别，其次应用不同模型计算每个风险类别的纯保费预测值，并与实际观察值相比，计算预测值的均方误差和绝对误差。需要注意的是，相依调整模型对纯保费预测值显示表达式，可以将模型的参数估计值分别代入式（4-19）计算得到。Copula 相依模型和共同随机效应模型的纯保费预测值没有显示表达式，只能通过蒙特卡罗模拟法和贝叶斯方法得到。这也体现出了本书提出的建模方法的优越性。表 4-9 给出了不同定价方法下模型对保单纯保费预测值的均方误差和绝对误差。相依性调整模型与 Tweedie回归模型的均方误差和绝对误差都相对最小，其次是 Copula 回归模型，共同随机效应模型对纯保费的预测产生了较大的偏差。

表 4-9 相依性模型预测能力评价指标

定价方法	相依性模型	预测均方误差	预测绝对误差
基于两步法 纯保费预测模型	相依性调整模型	2536	7.30
	Copula 相依模型	3165	7.54
	共同随机效应模型	7453	12.72
基于累积赔款 纯保费模型	Tweedie 模型	2116	6.99

比较不同模型的预测能力还可以使用 Gini 指数，计算结果如表4-10 所示。在该表中，第一列列示的模型是基准模型，第一行列示的模型是与基准模型进行比较的模型，这两个模型交叉位置上的数值就是 Gini 指数。在应用 Gini 指数比较不同模型的预测能力时，首先要在给定基准模型的条件下，选出每行中最大的 Gini 指数，如表4-10 的最后一列所示，其次比较这些选出的 Gini 指数，并从中选出最小的 Gini 指数，在表 4-10 中就是 1.01。这个最小的 Gini 指数所对应

的基准模型就是预测能力最好的模型。由表 4-10 可见，对于本例的数据而言，相依性调整模型的预测能力相对最优，其次是 Tweedie 回归模型、Copula 回归模型，随机效应模型的预测效果最差。

表 4-10　模型的 Gini 指数比较

基准 ＼ 模型 指数	相依性调整模型	Copula 相依模型	随机效应模型	Tweedie 模型	max-min
相依性调整模型	0.00	0.75	1.01	0.71	1.01
Copula 相依模型	1.50	0.00	1.39	1.89	1.89
随机效应模型	12.18	12.02	0.00	12.23	12.23
Tweedie 模型	0.13	0.51	1.04	0.00	1.04

综上所述，本书提出的相依性调整模型虽然没有在所有评价指标中都有最佳表现，但总体上是相对最优的。

第四节　本章小结

在保险费率厘定中，广义线性模型是非寿险费率厘定的主流方法。广义线性模型可以分别对索赔频率和索赔强度建模，也可以应用 Tweedie 回归模型直接对纯保费的观察值建模。前一种方法隐含着索赔频率与索赔强度相互独立的重要假设，这可能造成纯保费预测结果的偏差。后一种方法虽然无须考虑索赔频率与索赔强度之间的相依性问题，但基于纯保费的观察值建模，有可能导致重要风险管理信息的损失。

在现有文献中，为了考虑索赔频率与索赔强度之间的相依关系，可以基于频率—强度的定价方法进行扩展，在索赔强度回归模型中引入索赔次数作为协变量，从而构建考虑相依假设下的泊松—伽马回归模型。同时，也可以在两步法的基础上分别对保单是否索赔、索赔发生条件下的索赔次数和索赔强度建立纯保费预测模型。

　　本章在两步法的框架下，提出了一种基于纯保费预测的相依性调整模型。该模型将纯保费的预测值分解为两部分，一部分是独立性假设下的纯保费预测值，另一部分是相依性对纯保费的影响。此外，该模型通过简单的线性相关系数来度量索赔频率与索赔强度之间的相依性，对纯保费的调整过程非常直观，同时还能提供更多的风险管理信息。

　　基于一组汽车保险损失数据的实证研究结果表明，与现有文献中的各种模型相比，本章提出的相依性调整模型在总体上表现出了相对较好的预测能力和实际应用价值。

第五章
基于时间相依的最优奖惩系统

在商业汽车保险费率厘定中，根据一年期的保单赔付数据厘定的保费被称为分类保费。前面章节已经介绍过，厘定分类保费通常使用的是广义线性模型。在很多非寿险保险产品中，保单通常存在续保的情况，同一份保单会存在多年期的赔付数据。在这种情况下，投保人或者被保险人的某些潜在的风险特性会直接影响未来的赔付趋势，使得保单的多年期赔付数据在不同年度之间不是相互独立的。传统的广义线性模型无法考虑潜在的风险特性信息，从而会忽略数据在时间上的相依性。

通常的解决办法是运用经验费率厘定模型，根据保单的历史索赔记录对费率进行调整。经验费率厘定模型中最常用的是信度模型，在汽车保险中，信度模型通常还可以简化为奖惩系统（Bonus-Malus System，BMS），即奖惩系统是信度模型在费率厘定中的应用。奖惩系统的构建是通过引入风险参数来描述被保险人潜在的风险特征信息，在贝叶斯分析框架下运用条件分布的形式来解决保单的赔付数据在不同年度之间的相依关系。

在我国商业车险定价中，奖惩系统（Bonus-Malus System，BMS）也被称作无赔款优待系统（No-Claim Discount，NCD）。无赔款优待的准确含义是只有奖励没有惩罚，而我国实际使用的商业车险费率调整机制既有奖励也有惩罚，所以本章称之为奖惩系统。2015年我国新实施的商业车险费率改革方案中有四个调整系数：奖惩系数、交通违法系数、自主核保系数和自助渠道系数。商业车险的最终保费为基准纯风险保费与这四个系数的乘积，其中自主核保系数和自助渠道系数可以由保险公司根据实际情况自行设定，而奖惩系数在全国统一实施，最高优惠为 60%，最高惩罚为 200%。

基于以上背景，为了解决保单多年期赔付数据在时间上的相关性，本章在商业车险费率厘定过程中同时考虑个体保单的先验风险特征信息和经验索赔信息，构建一种最优奖惩系统，实现在厘定先验费率的同时对费率进行调整。本章基于我国一家财产保险公司在 2010~2015 年的商业车险数据，在不同的分布假设下构建了基于索赔次数和索赔金额的最优奖惩系统。本章可以看作是对孟生旺（2013）研究的进一步完善，主要有下述四点贡献：

第一，运用保单的多年期赔付数据构建了最优奖惩系统，通过协方差矩阵的形式描述赔付数据在不同年度之间的相关性。针对索赔次数的奖惩系统，本书将泊松—伽马分布推广到负二项—贝塔分布；针对索赔金额的最优奖惩系统，将指数—逆高斯分布推广到伽马—伽马分布和对数正态—正态分布，并推导出了保单未来预测值的显示表达式。

第二，在构建最优奖惩系统时，将保单的先验风险特征信息与历史索赔信息相结合，避免了定价过程中可能出现的重复性奖励和惩罚。

第三，基于索赔次数最优奖惩系统，应用索赔次数数据测算了奖惩系数，并与我国现行的奖惩系数进行了比较，指出了我国现行奖惩系统存在的问题。

第四，基于索赔金额最优奖惩系统，应用纵向索赔金额数据完善了我国商业车险的费率奖励和惩罚机制，允许保险公司根据保单历史索赔金额进行保费的调整。

本章的内容安排如下：首先，介绍了基于索赔次数的最优奖惩系统的构建方法，其中主要包含泊松—伽马分布假设和负二项—贝塔分布假设下的最优奖惩系统。其次，在费率厘定过程中考虑索赔金额的影响，进一步构建了基于索赔金额的最优奖惩系统，其中主要包含指数—逆伽马分布、伽马—伽马分布和对数正态—正态分布假设下的最优奖惩系统。在实际数据分析中，本章将测算结果与我国的商业车险费率改革的结果相比较，完善了商业车险的定价体系。

第一节　基于索赔次数的最优奖惩系统

一、泊松—伽马分布假设下的奖惩系统

续保保单通常包含多年期的赔付数据，下面用随机变量 N_{it} 表示第 i 份保单在第 t 年的索赔次数，其中 $i=1,\ 2,\ \cdots,\ n$ 和 $t=1,\ 2,\ \cdots,\ T$。

假设索赔次数 N_{it} 服从均值为 $\lambda_{it}\Theta_i$ 的泊松分布。参数 λ_{it} 为第 i 份保单在第 t 年已知的先验风险特征信息，通常用保单的费率因子进行描述，即 $\lambda_{it}=d_i\exp(x_{it}\beta)$，其中 x_{it} 为第 i 份保单在第 t 年的协变量矩阵，d_i 为保单的车年数，β 为回归系数矩阵。

随机变量 Θ_i 为风险参数，表示第 i 份保单的不可观测的风险特征信息。给定风险参数 $\Theta_i=\theta_i$ 的条件下，假设 N_{it} 服从均值为 $\lambda_{it}\theta_i$ 的泊松分布，可以表示为：

$$N_{it}\mid\Theta_i=\theta_i\sim\mathrm{Poisson}(\lambda_{it}\theta_i),\ \ t=1,\ 2,\ \cdots,\ T$$

若进一步假设风险参数 Θ_i 服从均值等于 1 的伽马分布，即 $\Theta_i\sim\mathrm{Gamma}(\alpha,\ \alpha)$，则该伽马分布的密度函数可以表示为：

$$f_{\Theta_i}(\theta_i)=\frac{\alpha^{\alpha}}{\Gamma(\alpha)}\cdot\theta_i^{\alpha-1}e^{-\alpha\theta_i} \tag{5-1}$$

此时，第 i 份保单的索赔次数（N_{i1}，N_{i2}，$\cdots$，N_{iT}）将服从多元负二项分布，其联合概率函数可以表示为：

$$\Pr(N_{i1}=n_{i1},\ N_{i2}=n_{i2},\ \cdots,\ N_{iT}=n_{iT})$$

$$=\int\Pr(n_{i1},\ n_{i2},\ \cdots,\ n_{iT}\mid\theta_i)f(\theta_i)d\theta_i$$

$$=\int\prod_{t=1}^{T}\frac{(\lambda_{it}\theta_i)^{n_{it}}}{n_{it}!}\exp\left(-\sum_{t=1}^{T}\lambda_{it}\theta_i\right)\frac{\alpha^{\alpha}}{\Gamma(\alpha)}\cdot\theta_i^{\alpha-1}e^{-\alpha\theta_i}d\theta_i$$

$$= \left[\prod_{t=1}^{T} \frac{(\lambda_{it})^{n_{it}}}{n_{it}!} \right] \frac{\Gamma(\sum_{t=1}^{T} n_{it} + \alpha)}{\Gamma(\alpha)} \times \left[\alpha / (\sum_{t=1}^{T} \lambda_{it} + \alpha) \right]^{\alpha} \times$$

$$(\sum_{t=1}^{T} \lambda_{it} + \alpha)^{-\sum_{t=1}^{T} n_{it}} \tag{5-2}$$

其中，第 i 份保单在第 t 年的索赔次数 N_{it} 的期望和方差分别为：

$$E(N_{it}) = E[E(N_{it} | \theta_i)] = \lambda_{it}$$

$$\text{Var}(N_{it}) = E[\text{Var}(N_{it} | \theta_i)] + \text{Var}[E(N_{it} | \theta_i)] = \lambda_{it} + \frac{1}{\alpha} \lambda_{it}^2 \tag{5-3}$$

第 i 份保单的索赔次数 N_{ij} 和 N_{ik} （$j \neq k$）的协方差可以表示为：

$$\begin{aligned}
\text{Cov}(N_{ij}, N_{ik}) &= \text{Cov}[E(N_{ij} | \theta_i), E(N_{ik} | \theta_i)] + E[\text{Cov}(N_{ij}, N_{ik} | \theta_i)] \\
&= \text{Cov}[\lambda_{ij}\theta_i, \lambda_{ik}\theta_i] \\
&= \lambda_{ij}\lambda_{ik}\text{Var}(\theta_i) \\
&= \lambda_{ij}\lambda_{ik}\frac{1}{\alpha}
\end{aligned} \tag{5-4}$$

因此，第 i 份保单 T 年期的索赔次数 $(N_{i1}, N_{i2}, \cdots, N_{iT})$ 之间的相关性可以由协方差矩阵来度量：

$$\text{Cov}(N_{i1}, N_{i2}, \cdots, N_{iT}) = \frac{1}{\alpha} \begin{bmatrix} \alpha\lambda_{i1} + \lambda_{i1}^2 & \lambda_{i1}\lambda_{i2} & \cdots & \lambda_{i1}\lambda_{iT} \\ \lambda_{i1}\lambda_{i2} & \alpha\lambda_{i2} + \lambda_{i2}^2 & \vdots & \lambda_{i2}\lambda_{iT} \\ \vdots & \vdots & \ddots & \vdots \\ \lambda_{i1}\lambda_{iT} & \lambda_{i2}\lambda_{iT} & \cdots & \alpha\lambda_{iT} + \lambda_{iT}^2 \end{bmatrix}$$

因此，最优奖惩系统的建模思路可以用图 5-1 清晰地描述出来。

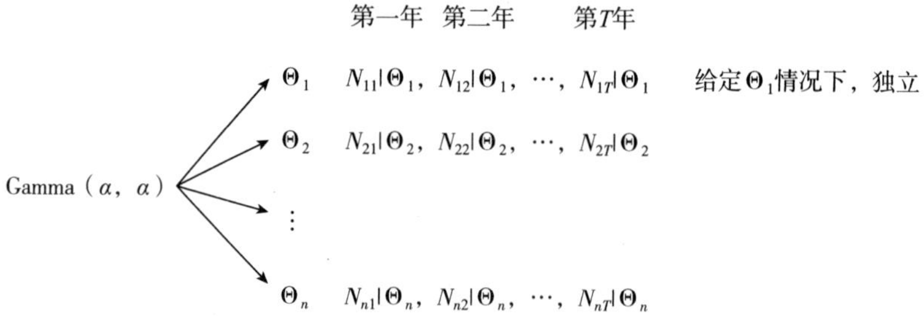

图 5-1 最优奖惩系统的建模思路

从式（5-3）中可以看出，索赔次数 N_{it} 的期望为 λ_{it}。这就意味着，如果保单没有任何历史索赔记录，则索赔次数的预测值就是基于先验风险特征信息的预测值 $\lambda_{it} = d_i \exp(x_{it}\beta)$。需要说明的是，由于每个保单对应的车年数不同，在模型参数估计中需要考虑车年数的影响。但为了得到保单的一个完整保险周期的索赔次数，在预测过程中通常设定车年数 $d_i = 1$。如果保单包含历史索赔记录 $(n_{i1}, n_{i2}, \cdots, n_{iT})$，则在均方误差最小化的条件下，第 i 份保单在第 $T+1$ 年的最优预测值就是预测分布 $f(N_{i,T+1} | n_{i1}, n_{i2}, \cdots, n_{iT})$ 的期望。预测分布可以表示为条件分布与后验分布的乘积：

$$\Pr(N_{i,T+1} = n_{i,T+1} \mid n_{i1}, \cdots, n_{iT}) = \frac{\Pr(n_{i,T+1}, n_{i1}, \cdots, n_{iT})}{\Pr(n_{i1}, \cdots, n_{iT})}$$

$$= \frac{\int \Pr(n_{i,T+1}, n_{i1}, \cdots, n_{iT}, \theta_i) d\theta_i}{\int \Pr(n_{i1}, \cdots, n_{iT}, \theta_i) d\theta_i}$$

$$= \frac{\int \Pr(n_{i,T+1}, n_{i1}, \cdots, n_{iT} | \theta_i) f(\theta_i) d\theta_i}{\int \Pr(n_{i1}, \cdots, n_{iT}, \theta_i) d\theta_i}$$

$$= \int \Pr(n_{i,T+1} | \theta_i) \left[\frac{\prod_{t=1}^{T} \Pr(n_{it} | \theta_i) f(\theta_i)}{\int \prod_{t=1}^{T} \Pr(n_{it} | \theta_i) f(\theta_i) d\theta_i} \right] d\theta_i$$

$$= \int \Pr(n_{i,T+1} | \theta_i) f(\theta_i | n_{i1}, \cdots, n_{iT}) d\theta_i$$

$$(5-5)$$

为了求得上述预测分布的具体形式，首先需要求得风险参数 Θ_i 的后验分布 $f(\theta_i | n_{i1}, \cdots, n_{iT})$。风险参数 Θ_i 的后验密度函数可以表示为：

$$f(\theta_i | n_{i1}, \cdots, n_{iT}) = \frac{\Pr[\Theta_i = \theta_i, N_{i1} = n_{i1}, \cdots, N_{iT} = n_{iT}]}{\Pr[N_{i1} = n_{i1}, \cdots, N_{iT} = n_{iT}]}$$

$$\propto \Pr[\Theta_i = \theta_i, N_{i1} = n_{i1}, \cdots, N_{iT} = n_{iT}]$$

$$= \Pr(n_{i1}, n_{i2}, \cdots, n_{iT} | \theta_i) f(\theta_i)$$

$$= \prod_{t=1}^{T} \frac{(\lambda_{it} \theta_i)^{n_{it}}}{n_{it}!} \exp\left(- \sum_{t=1}^{T} \lambda_{it} \theta_i\right) \frac{\alpha^\alpha}{\Gamma(\alpha)} \cdot \theta_i^{\alpha-1} e^{-\alpha\theta_i}$$

$$\propto e^{-\theta_i(\sum\limits_{t=1}^{T}\lambda_{it}+\alpha)} \cdot \theta_i^{\sum\limits_{t=1}^{T}n_{it}+\alpha-1}$$

$$(5-6)$$

显然，从式（5-6）可以看出，风险参数 Θ_i 的后验分布是尺度参数为 $\tilde{\alpha}=\sum\limits_{t=1}^{T}n_{it}+\alpha$，比率参数为 $\tilde{\xi}=\sum\limits_{t=1}^{T}\lambda_{it}+\alpha$ 的伽马分布 Gamma $(\tilde{\alpha},\tilde{\xi})$。因此，将式（5-6）代入式（5-5）可求得对保单未来的索赔次数的预测分布，即预测分布也是泊松—伽马混合后的负二项分布，预测分布的概率函数表示为：

$$\Pr(N_{i,\,T+1}=n_{i,\,T+1}\mid n_{i1},\,\cdots,\,n_{iT})=\int\Pr(n_{i,\,T+1}\mid\theta_i)f(\theta_i\mid n_{i1},\,\cdots,\,n_{iT})d\theta_i$$

$$=\int\frac{(\lambda_{iT+1}\theta_i)^{n_{iT+1}}}{n_{iT+1}!}\exp(-\lambda_{iT+1}\theta_i)\cdot\frac{\tilde{\xi}^{\tilde{\alpha}}}{\Gamma(\tilde{\alpha})}e^{-\theta_i\tilde{\xi}}\cdot\theta_i^{\tilde{\alpha}-1}d\theta_i$$

$$=\frac{(\lambda_{iT+1})^{n_{iT+1}}}{n_{iT+1}!}\cdot\frac{\tilde{\xi}^{\tilde{\alpha}}}{\Gamma(\tilde{\alpha})}\int e^{-\theta_i(\tilde{\xi}+\lambda_{iT+1})}\cdot\theta_i^{\tilde{\alpha}+n_{i,\,T+1}-1}d\theta_i$$

$$=\frac{\Gamma(\tilde{\alpha}+n_{i,\,T+1})}{\Gamma(\tilde{\alpha})\Gamma(n_{iT+1}+1)}\cdot\left[\frac{\lambda_{iT+1}}{\tilde{\xi}+\lambda_{iT+1}}\right]^{n_{iT+1}}\left[\frac{\tilde{\xi}}{\tilde{\xi}+\lambda_{iT+1}}\right]^{\tilde{\alpha}}$$

$$(5-7)$$

式（5-7）表明，第 i 份保单在第 $T+1$ 年索赔次数的预测分布是参数为 $\left(\tilde{\alpha},\dfrac{\tilde{\xi}}{\tilde{\xi}+\lambda_{iT+1}}\right)$ 的负二项分布。预测分布的均值就是保单对未来索赔次数的最优预测值，可以表示为：

$$\mathrm{E}(N_{i,\,T+1}\mid n_{i1},\,\cdots,\,n_{iT})=\lambda_{iT+1}\frac{\tilde{\alpha}}{\tilde{\xi}}=\lambda_{i,\,T+1}\frac{\sum\limits_{t=1}^{T}n_{it}+\alpha}{\sum\limits_{t=1}^{T}\lambda_{it}+\alpha}\qquad(5-8)$$

式（5-8）就是基于泊松—伽马分布假设的奖惩系统对保单未来索赔频率的预测值，其中 $\lambda_{i,T+1}$ 是基于第 i 份保单在第 $T+1$ 年的已知风险特征信息求得的预测值，$\left(\sum_{t=1}^{T}n_{it}+\alpha\right)\bigg/\left(\sum_{t=1}^{T}\lambda_{it}+\alpha\right)$ 是基于保

单历史索赔信息的奖惩系数。从预测的表达式可以看出，泊松—伽马分布假设下的奖惩系统同时考虑了保单的先验风险特征信息和历史索赔信息，解决了观测值在时间上的相依关系，并具有下述性质：

（1）泊松—伽马分布假设下的奖惩系统通过引入风险参数描述了多年期索赔次数之间的相关性。该相关性可以通过式（5-8）的协方差求得。这种相依关系不仅与保单在对应年度的已知风险特征信息 λ_{ij} 有关，还与风险参数的方差 $1/\alpha$ 有关。由于风险参数 Θ_i 服从均值为 1，方差为 $1/\alpha$ 的伽马分布，风险参数是用于描述保单不可预测潜在的风险特征，风险参数的方差越大，意味着潜在的风险特征造成的保单之间的异质性越大。对保单未来的预测将会大部分取决于与保单的历史索赔信息，使得保单的历史索赔信息在不同年度之间的相关性越大。

（2）式（5-8）表明，如果保单在过去 T 年期间内没有发生索赔，即 $\sum_{i=1}^{T} n_{it} = 0$，奖惩系数就会小于 1，此时保险公司会给予该保单相应比例的费率折扣；如果保单在过去 T 年期间内发生过索赔（一般情况下，保单实际发生的索赔次数总和会高于期望索赔频率的总和，具体表现为 $\sum_{i=1}^{T} n_{it} > \sum_{i=1}^{T} \lambda_{it}$），奖惩系数就会高于 1，此时保险公司会对该保单进行相应比例的保费惩罚。

（3）式（5-8）的最优奖惩系统在对未来保费进行预测时，同时考虑了先验风险特征信息和保单的历史索赔信息，在一定程度上消除了保险公司对保单惩罚奖励和惩罚的问题。对于高风险的保单而言（先验保费缴纳越高的保单，即 $\sum_{i=1}^{T} \lambda_{it}$ 越大），如果该保单在过去 T 年内没有发生索赔，那么奖惩系数越小；如果保单在过去 T 年内发生了索赔，先验保费缴纳越多的保单，那么奖惩系数同样越小。原因在于，该保单的高风险已经通过高额度的先验保费进行了覆盖，在进行保费调整时保险公司将会给予更大的保费折扣和较低的惩罚额度。

二、负二项—贝塔分布假设下的奖惩系统

下面对泊松—伽马的最优奖惩系统进行扩展，在给定风险参数

$\Theta_i = \theta_i$ 的条件下，假设索赔次数 N_{it} 服从参数为 (r_{it}, θ_i) 的负二项分布，即

$$N_{it} \mid \Theta_i = \theta_i \sim \text{NB}(r_{it}, \theta_i), \quad t = 1, \cdots, T$$

负二项分布的概率函数为：

$$\Pr(N_{it} = n_{it} \mid \Theta_i = \theta_i) = \frac{\Gamma(r_{it} + n_{it})}{\Gamma(r_{it})\Gamma(n_{it} + 1)} \times \theta_i^{r_{it}} \cdot (1 - \theta_i)^{n_{it}}$$

若进一步假设风险参数服从贝塔分布，即 $\Theta_i \sim \text{Beta}(a, b)$，贝塔分布的密度函数为：

$$f_{\Theta_i}(\theta_i) = \frac{\Gamma(a+b)}{\Gamma(a)\Gamma(b)} \times \theta_i^{a-1}(1 - \theta_i)^{b-1} \tag{5-9}$$

则第 i 份保单的索赔次数 $(N_{i1}, N_{i2}, \cdots, N_{iT})$ 将服从多元混合负二项分布，其联合概率函数可以表示为：

$$\Pr(N_{i1} = n_{i1}, \cdots, N_{iT} = n_{iT}) = \frac{\Gamma(a+b)}{\Gamma(a)\Gamma(b)} \times$$

$$\frac{\Gamma(\sum_{t=1}^{T} r_{it} + a)\Gamma(\sum_{t=1}^{T} n_{it} + b)}{\Gamma(\sum_{t=1}^{T} r_{it} + \sum_{t=1}^{T} n_{it} + a + b)} \times$$

$$\prod_{t=1}^{T} \frac{\Gamma(r_{it} + n_{it})}{\Gamma(r_{it})\Gamma(n_{it} + 1)} \tag{5-10}$$

其中，索赔次数 N_{it} 的期望和方差分别为：

$$E(N_{it}) = E[E(N_{it} \mid \theta_i)] = r_{it}\frac{b}{a-1}$$

$$\text{Var}(N_{it}) = E[\text{Var}(N_{it} \mid \theta_i)] + \text{Var}[E(N_{it} \mid \theta_i)]$$

$$= r_{it}\frac{(a+b-1)/b}{(a-1)(a-2)} + r_{it}^2\left[\frac{(b+1)/b}{(a-1)(a-2)} - \frac{b^2}{(a-1)^2}\right] \tag{5-11}$$

索赔次数 N_{ij} 和 N_{ik} $(j \neq k)$ 的协方差可以表示为：

$$\text{Cov}(N_{ij}, N_{ik}) = \text{Cov}[E(N_{ij} \mid \theta_i), E(N_{ik} \mid \theta_i)] + E[\text{Cov}(N_{ij}, N_{ik} \mid \theta_i)]$$

$$= \text{Cov}[r_{ij}/\theta_i, r_{ik}/\theta_i]$$

$$= r_{ij}r_{ik}\text{Var}(1/\theta_i)$$

$$= r_{ij}r_{ik}\frac{b}{a-1}\left(\frac{b+1}{a-2}-\frac{b}{a-1}\right)$$

同理，第 i 份保单 T 年期的索赔次数 $(N_{i1}，N_{i2}，\cdots，N_{iT})$ 之间的相关性可以由上述协方差矩阵来度量。从上式可以看出，索赔次数 N_{it} 的期望为 $r_{it}\frac{b}{a-1}$。这就意味着，如果保单没有任何历史索赔记录，则索赔次数的预测值就是基于已知风险特征信息的预测值 $r_{it}\frac{b}{a-1}$，其中 $r_{it}=d_i\exp(x_{it}\beta)$。

如果已知保单过去 T 年的历史索赔记录 $(n_{i1}，n_{i2}，\cdots，n_{iT})$，则风险参数 Θ_i 的后验密度函数可以表示为：

$$
\begin{aligned}
f(\theta_i \mid n_{i1}，\cdots，n_{iT}) &= \frac{\Pr[\Theta_i=\theta_i，N_{i1}=n_{i1}，\cdots，N_{iT}=n_{iT}]}{\Pr[N_{i1}=n_{i1}，\cdots，N_{iT}=n_{iT}]}\\
&\propto \Pr[\Theta_i=\theta_i，N_{i1}=n_{i1}，\cdots，N_{iT}=n_{iT}]\\
&= \Pr(N_{i1}=n_{i1}，\cdots，N_{iT}=n_{iT}\mid\theta_i)f(\theta_i)\\
&= \frac{\Gamma(a+b)}{\Gamma(a)\Gamma(b)}\frac{\Gamma(\sum_{t=1}^{T}r_{it}+a)\Gamma(\sum_{t=1}^{T}n_{it}+b)}{\Gamma(\sum_{t=1}^{T}r_{it}+\sum_{t=1}^{T}n_{it}+a+b)}\times\\
&\quad \prod_{t=1}^{T}\frac{\Gamma(r_{it}+n_{it})}{\Gamma(r_{it})\Gamma(n_{it}+1)}\frac{\Gamma(a+b)}{\Gamma(a)\Gamma(b)}\cdot\theta_i^{a-1}(1-\theta_i)^{b-1}\propto\theta_i^{\sum_{t=1}^{T}r_{it}+a-1}(1-\theta_i)^{\sum_{t=1}^{T}n_{it}+b-1}
\end{aligned}
$$

$$(5-12)$$

显然，从式（5-12）中可以看出，风险参数 Θ_i 的后验分布是参数为 $(\tilde{a}，\tilde{b})$ 的贝塔分布，其中 $\tilde{a}=\sum_{t=1}^{T}r_{it}+a$，$\tilde{b}=\sum_{t=1}^{T}n_{it}+b$。因此，保单在 $T+1$ 年的索赔次数预测分布的概率函数为：

$$
\begin{aligned}
&\Pr(N_{i,T+1}=n_{i,T+1}\mid n_{i1}，\cdots，n_{iT})\\
&\quad = \int\Pr(n_{i,T+1}\mid\theta_i)f(\theta_i\mid n_{i1}，\cdots，n_{iT})d\theta_i\\
&\quad = \int\frac{\Gamma(r_{iT+1}+n_{iT+1})}{\Gamma(r_{iT+1})\Gamma(n_{iT+1}+1)}\cdot\theta_i^{r_{iT+1}}\cdot(1-\theta_i)^{n_{iT+1}}\frac{\Gamma(\tilde{a}+\tilde{b})}{\Gamma(\tilde{a})\Gamma(\tilde{b})}\cdot
\end{aligned}
$$

$$\theta_i^{\tilde{a}-1}(1-\theta_i)^{\tilde{b}-1}d\theta_i$$

$$= \frac{\Gamma(r_{iT+1}+n_{iT+1})}{\Gamma(r_{iT+1})\Gamma(n_{iT+1}+1)}\frac{\Gamma(\tilde{a}+\tilde{b})}{\Gamma(\tilde{a})\Gamma(\tilde{b})}\frac{\Gamma(r_{iT+1}+\tilde{a})\Gamma(n_{iT+1}+\tilde{b})}{\Gamma(r_{iT+1}+\tilde{a}+n_{iT+1}+\tilde{b})}$$

在已知保单过去 T 年的历史索赔记录（n_{i1}, n_{i2}, $\cdots$, n_{iT}）的情况下，最优预测值就是预测分布的均值，可以表示为：

$$\mathrm{E}(N_{i,\,T+1}|n_{i1},\,\cdots,\,n_{iT}) = r_{i,\,T+1}\frac{\tilde{b}}{\tilde{a}-1} = r_{i,\,T+1}\frac{\sum_{t=1}^{T}n_{it}+b}{\sum_{t=1}^{T}r_{it}+a-1}$$

$$(5-13)$$

式（5-13）就是负二项—贝塔分布的最优奖惩系统对保单未来索赔频率的预测值，其中 $r_{i,T+1}$ 是基于第 i 份保单在第 $T+1$ 年的已知风险特征信息求得的预测值，（$\sum_{t=1}^{T}n_{it}+b$）/（$\sum_{t=1}^{T}r_{it}+a-1$）是奖惩系数的显示表达式。与泊松—伽马分布假设下的最优奖惩系统类似，负二项—贝塔分布的最优奖惩系统具有下述性质：

（1）风险越高的保单（具体表现为 $\sum_{t=1}^{T}r_{it}$ 越大），奖惩系数越小。原因在于，高风险的保单已经缴纳了较高的先验保费。如果该保单在过去投保期间发生了索赔，那么保险公司的奖惩系数不会大幅度地提升。

（2）风险越低的保单（具体表现为 $\sum_{t=1}^{T}r_{it}$ 越小），奖惩系数越大。原因在于，低风险的保单缴纳的保费较少，如果该保单在过去投保期间发生了索赔，那么保险公司会根据历史索赔次数对奖惩系数进行大幅度的增加，用于覆盖保费未来的风险。

三、极大似然估计

在泊松—伽马分布假设下，根据式（5-13）可以得到第 i 份保单的对数似然函数：

$$l_i(\beta,\,\alpha) = \sum_{t=1}^{T}n_{it}\log(\lambda_{it}) - \sum_{t=1}^{T}\log\Gamma(n_{it}+1)$$

$$+ \log\Gamma(\sum_{t=1}^{T} n_{it} + \alpha) - \log\Gamma(\alpha) + \alpha\log(\alpha)$$

$$- \alpha\log(\sum_{t=1}^{T} \lambda_{it} + \alpha) - \sum_{t=1}^{T} n_{it}\log(\sum_{t=1}^{T} \lambda_{it} + \alpha) \quad (5\text{-}14)$$

在负二项—贝塔分布假设下，根据式（5-14）可以得到第 i 份保单的对数似然函数：

$$l_i(\beta, a, b) = \log\Gamma(a+b) - \log\Gamma(a) - \log\Gamma(b) + \log\Gamma(\sum_{t=1}^{T} r_{it} + a)$$

$$+ \log\Gamma(\sum_{t=1}^{T} r_{it} + b) - \log\Gamma(\sum_{t=1}^{T} r_{it} + \sum_{t=1}^{T} n_{it} + a + b)$$

$$+ \sum_{t=1}^{T} \log\Gamma(r_{it} + n_{it}) - \sum_{t=1}^{T} \log\Gamma(r_{it}) - \sum_{t=1}^{T} \log\Gamma(n_{it} + 1)$$

$$(5\text{-}15)$$

通过极大化模型的似然函数 $l = \sum_{i=1}^{n} l_i(\beta, \alpha)$ 和 $l = \sum_{i=1}^{n} l_i(\beta, a, b)$，可以求得上述两个奖惩系统的参数估计值 $(\hat{\beta}, \hat{\alpha})$ 和 $(\hat{\beta}, \hat{a}, \hat{b})$。本章主要使用 R 软件的 OPTIM 函数得到参数的极大似然估计值，将估计值代入式（5-8）和式（5-13），就可以分别得到泊松—伽马和负二项—贝塔分布假设下奖惩系统对保单未来索赔频率的预测值。

第二节　基于索赔金额的最优奖惩系统

在费率厘定过程中，保险未来的预测保费还会受到保单历史索赔金额的影响。因此，下面在索赔金额的预测中同时考虑两类风险特征信息的相依关系，对 Mahmoudvand（2009）和 Tzougas（2014）的研究进行扩展，将指数—逆伽马分布推广到伽马—伽马分布和对数正态—正态分布，构建了基于索赔金额的最优奖惩系统。

一、指数—逆伽马的最优奖惩系统

下面用随机变量 N_{it} 表示第 i 份保单在第 t 年的索赔次数的观察值，Y_{itk} 表示第 i 份保单在第 t 年内发生的第 k 次索赔的索赔金额，其中 $t=$ 1，2，$\cdots$，T，$k=1$，2，$\cdots$，N_{it}。

假设 Y_{itk} 服从均值为 $\mu_{it}\Theta_i$ 的指数分布，其中可以在参数 μ_{it} 中引入协变量 $\mu_{it}=\exp(x_{it}\beta)$，且 Θ_i 为随机变量。给定 $\Theta_i=\theta_i$ 的条件下，即 $Y_{itk}\mid\Theta_i=\theta_i\sim\mathrm{Exp}(\theta_i\mu_{it})$，指数分布的密度函数表示为：

$$f_{Y_{it,k}}(y_{it,k}|\theta_i)=\frac{1}{\theta_i\mu_{it}}\exp(-\frac{y_{it,k}}{\theta_i\mu_{it}}) \tag{5-16}$$

假设 Θ_i 服从均值为 1，参数为 $(s，s-1)$ 的逆伽马分布，即 $\Theta_i\sim$ Inverse-Gamma $(s，s-1)$，其密度函数表示为：

$$f_{\Theta_i}(\theta_i)=\frac{(s-1)^s}{\Gamma(s)}\theta_i^{-s-1}\exp\left[\frac{-(s-1)}{\theta_i}\right]，s>1 \tag{5-17}$$

此时，$f(y_{it,k})$ 将服从参数为 $[s，(s-1)\mu_{it}]$ 的帕累托分布，其密度函数表示为：

$$\begin{aligned}
f(y_{it,k}) &= \int f(y_{it,k}|\theta_i)\ f(\theta_i)\,d\theta_i\\
&= \int\frac{1}{\theta_i\mu_{it}}\exp(-\frac{y_{it,k}}{\theta_i\mu_{it}})\cdot\frac{(s-1)^s}{\Gamma(s)}\theta_i^{-s-1}\exp\left(\frac{-s+1}{\theta_i}\right)\,d\theta_i\\
&= \frac{1}{\mu_{it}}\cdot\frac{(s-1)^s}{\Gamma(s)}\cdot\int\exp\left(-\frac{y_{it,k}}{\theta_i\mu_{it}}-\frac{s-1}{\theta_i}\right)\theta_i^{-s-2}d\theta_i\\
&= \frac{1}{\mu_{it}}\cdot\frac{(s-1)^s}{\Gamma(s)}\cdot\frac{\Gamma(s+1)}{(y_{it,k}/\mu_{it}+s-1)^{s+1}}\\
&= s\cdot[(s-1)\mu_{it}]^s\cdot[y_{it,k}+(s-1)\mu_{it}]^{-s-1} \tag{5-18}
\end{aligned}$$

其中，帕累托分布的期望和方差分别为：

$$\mathrm{E}(Y_{it,k})=\mu_{it}$$

$$\mathrm{Var}(Y_{it,k})=\frac{[(s-1)\mu_{it}]^2}{s-1}\left(\frac{2}{s-2}-\frac{1}{s-1}\right) \tag{5-19}$$

如果已知保单过去 T 年的历史索赔金额记录 $(y_{i1,1},\cdots,y_{iT,N_{iT}})$，则风险参数 Θ_i 的后验分布可以表示为：

$$f(\theta_i\mid y_{i1,1},\cdots,y_{iT,N_{iT}})\propto f(\theta_i,y_{i1,1},\cdots,y_{iT,N_{iT}})$$

$$=f(\theta_i)\cdot f(y_{i1,1},\cdots,y_{iT,N_{iT}}\mid\theta_i)$$

$$\frac{(s-1)^s}{\Gamma(s)}\theta_i^{-s-1}\exp\left[\frac{-(s-1)}{\theta_i}\right]\cdot\prod_{t=1}^{T}\prod_{k=1}^{N_{it}}\frac{1}{\theta_i\mu_{it}}\exp\left(-\frac{y_{it,k}}{\theta_i\mu_{it}}\right)$$

$$\propto\theta_i^{-s-1-\sum_{t=1}^{T}N_{it}}\exp\left[-\frac{1}{\theta_i}\left(s-1+\sum_{t=1}^{T}\frac{\sum_{k=1}^{N_{it}}y_{ij,k}}{\mu_{it}}\right)\right]$$

显然，从上式可以看出，Θ_i 的后验分布是参数为 $\left(s+\sum_{t=1}^{T}N_{it},\ s-1+\sum_{t=1}^{T}\dfrac{\sum_{k=1}^{N_{it}}y_{ij,k}}{\mu_{it}}\right)$ 的逆伽马分布。因此，保单在 $T+1$ 年的索赔金额预测值就是预测分布的期望，可以表示为：

$$\mathrm{E}(Y_{i,T+1}\mid y_{i1,1},\cdots,y_{iT,N_{iT}})=\mu_{i,T+1}\frac{s-1+\sum_{t=1}^{T}\dfrac{\sum_{k=1}^{N_{it}}y_{ij,k}}{\mu_{it}}}{s+\sum_{t=1}^{T}N_{it}-1}$$

$$(5-20)$$

式（5-20）就是基于指数—逆伽马最优奖惩系统对保单未来索赔金额的预测，其中 $\mu_{i,T+1}$ 是基于第 i 份保单在第 $T+1$ 年的已知的风险特征信息，$\dfrac{s-1-\sum_{t=1}^{T}\dfrac{\sum_{k=1}^{N_{it}}y_{ij,k}}{\mu_{it}}}{s+\sum_{t=1}^{T}N_{it}-1}$ 是基于保单历史索赔信息的奖惩系数。

如果已知保单过去 T 年的历史索赔金额记录为 $(y_{i1,1},\cdots,y_{iT,N_{iT}})$，则其联合密度可以表示为：

$$f(y_{i1,1}, \cdots, y_{iT,N_{iT}}) = \frac{\Gamma\left(s + \sum\limits_{t=1}^{T} N_{it}\right) \cdot (s-1)^s}{\Gamma(s) \cdot \mu_{it}^{\sum\limits_{i=1}^{T} N_{it}} \cdot \left(s - 1 + \sum\limits_{t=1}^{T} \frac{1}{\mu_{it}} \sum\limits_{k=1}^{N_{it}} y_{it,k}\right)^{s + \sum\limits_{t=1}^{T} N_{it}}}$$

$$(5-21)$$

二、伽马—伽马的最优奖惩系统

假设 Y_{itk} 服从参数为 (δ_{it}, Θ_i) 的伽马分布，其中可以在参数 δ_{it} 中引入协变量 $\delta_{it} = \exp(x_{it}\beta)$，且 Θ_i 为随机变量。给定 $\Theta_i = \theta_i$ 的条件下，即 $Y_{itk} \mid \Theta_i = \theta_i \sim \text{Gamma}(\delta_{it}, \theta_i)$，伽马分布的密度函数表示为：

$$f_{Y_{it,k} \mid \Theta_i}(y_{it,k} \mid \theta_i) = \frac{\theta_i^{\delta_{it}}}{\Gamma(\delta_{it})} y_{it,k}^{\delta_{it}-1} e^{-\theta_i y_{it,k}} \qquad (5-22)$$

假设 Θ_i 也服从参数为 (τ, η) 的伽马分布，即 $\Theta_i \sim \text{Gamma}(\tau, \eta)$，其密度函数表示为：

$$f_{\Theta_i}(\theta_i) = \frac{\eta^\tau}{\Gamma(\tau)} \cdot \theta_i^{\tau-1} e^{-\eta\theta_i}, \quad \eta>0, \ \tau>0 \qquad (5-23)$$

此时，$f(y_{it,k})$ 将服从广义帕累托分布，其密度函数表示为：

$$\begin{aligned}
f_{Y_{itk}}(y_{itk}) &= \int f_{Y_{it,k} \mid \Theta_i}(y_{it,k} \mid \theta_i) f_{\Theta_i}(\theta_i) d\theta_i \\
&= \frac{\Gamma(\tau + \delta_{it})}{\Gamma(\tau)\Gamma(\delta_{it})} \frac{\eta^\tau y_{itk}^{\delta_{it}-1}}{(\eta + y_{itk})^{\tau+\delta_{it}}}
\end{aligned} \qquad (5-24)$$

其中，广义帕累托分布的期望为 $\delta_{it} \cdot \frac{\eta}{\tau-1}$。这就意味着，如果保单没有任何历史索赔记录，则索赔金额的预测值就是基于已知的风险特征信息的预测值 $\delta_{it} \cdot \frac{\eta}{\tau-1}$，其中 $\delta_{it} = \exp(x_{it}\beta)$。

如果已知保单过去 T 年的历史索赔金额的记录 $(y_{i1,1}, y_{i1,2}, \cdots, y_{i1,N_{i1}}, \cdots, y_{iT,1}, y_{iT,2}, \cdots, y_{iT,N_{iT}})$，则 Θ_i 的后验分布的密度函数可以表示为：

$$f(\theta_i \mid y_{i1,1}, \cdots, y_{iT,N_{iT}}) \propto f(\theta_i, y_{i1,1}, \cdots, y_{iT,N_{iT}})$$

$$= f(\theta_i) \cdot f(y_{i1,1}, \cdots, y_{iT,N_{iT}} \mid \theta_i)$$

$$= \frac{\eta^a}{\Gamma(\tau)} \cdot \theta_i^{\tau-1} e^{-\eta\theta_i} \cdot \prod_{t=1}^{T} \prod_{k=1}^{N_{it}} \frac{\theta_i^{\delta_{it}}}{\Gamma(\delta_{it})} (y_{it,k})^{\delta_{it}-1} e^{-\theta_i y_{it,k}}$$

$$\propto \theta_i^{\sum_{t=1}^{T} N_{it}\delta_{it}+\tau-1} e^{-(\eta+\sum_{t=1}^{T}\sum_{k=1}^{N_{it}} y_{it,k})\theta_i} \tag{5-25}$$

显然，从式（5-25）中可以看出，Θ_i 的后验分布是参数为（$\tilde{\tau}$，$\tilde{\eta}$）的伽马分布，其中 $\tilde{\tau} = \sum_{t=1}^{T} N_{it}\delta_{it} + \tau$，$\tilde{\eta} = \eta + \sum_{t=1}^{T}\sum_{k=1}^{N_{it}} y_{it,k}$。

因此，保单在 $T+1$ 年的索赔金额的预测分布的密度函数表示为：

$$f(y_{i,T+1} \mid y_{i11}, \cdots, y_{iTN_{iT}}) = \int f(y_{i,T+1} \mid \theta_i) f(\theta_i \mid y_{i11}, \cdots, y_{iTN_{iT}}) d\theta_i$$

$$= \frac{\Gamma(\sum_{t=1}^{T} N_{it}\delta_{it} + \tau + \delta_{i,T+1})}{\Gamma(\sum_{t=1}^{T} N_{it}\delta_{it} + \tau)\Gamma(\delta_{i,T+1})} \times$$

$$\frac{(\eta + \sum_{t=1}^{T}\sum_{k=1}^{N_{it}} y_{itk})^{\sum_{t=1}^{T} N_{it}\delta_{it}+\tau} y_{i,T+1}^{\delta_{i,T+1}-1}}{(\eta + \sum_{t=1}^{T}\sum_{k=1}^{N_{it}} y_{itk} + y_{i,T+1})^{\sum_{t=1}^{T} N_{it}\delta_{it}+\tau+\delta_{i,T+1}}}$$

$$\tag{5-26}$$

预测分布的期望可以表示为：

$$E(Y_{i,T+1} \mid y_{i1,1}, \cdots, y_{iT,N_{iT}}) = \delta_{iT+1} \cdot \frac{\eta + \sum_{t=1}^{T}\sum_{k=1}^{N_{it}} y_{it,k}}{\tau + \sum_{t=1}^{T} N_{it}\delta_{it} - 1} \tag{5-27}$$

式（5-27）就是基于伽马—伽马最优奖惩系统对保单未来索赔金额的预测，其中 δ_{iT+1} 是基于第 i 份保单在第 $T+1$ 年的已知的风险特征信息，$\tilde{\eta}/\tilde{\tau}-1$ 是基于保单历史索赔金额的奖惩系数。伽马—伽马分布假设的最优奖惩系统具有下述性质：

（1）风险越高的保单（具体表现为 $\sum_{t=1}^{T} N_{it}\delta_{it}$ 越大），奖惩系数越

小。原因在于，高风险的保单已经缴纳了较高的先验保费。如果两份保单在投保期间发生累积索赔额相同，保险公司对高风险保单的惩罚幅度较小。

（2）如果两份保单在投保期间内没有发生索赔，即累积索赔金额为 0，那么高风险保单的奖惩系数相对较高，具体表现为保险公司对高风险保单的保费折扣相对较高。因此，本书提出的最优奖惩系统避免了保险公司对保单的重复奖励和惩罚问题。

如果已知保单过去 T 年的历史索赔金额记录为 $(y_{i1,1}, \cdots, y_{iT,N_{iT}})$，则其联合密度可以表示为：

$$
\begin{aligned}
f(y_{i11}, \cdots, y_{iTN_{iT}}) &= \frac{f(\theta_i)f(y_{i11}, \cdots, y_{iTN_{iT}} \mid \theta_i)}{f(\theta_i \mid y_{i11}, \cdots, y_{iTN_{iT}})} \\
&= \frac{\eta^\tau \Gamma(\sum_{t=1}^{T} N_{it}\delta_{it} + \tau)}{\Gamma(\tau)(\eta + \sum_{t=1}^{T}\sum_{k=1}^{N_{it}} y_{itk})^{\sum_{t=1}^{T} N_{it}\delta_{it} + \tau}} \cdot \prod_{t=1}^{T}\prod_{k=1}^{N_{it}} \frac{1}{\Gamma(\delta_{it})} y_{itk}^{\delta_{it}-1}
\end{aligned}
$$

$$(5-28)$$

三、对数正态—正态的最优奖惩系统

假设 Y_{itk} 服从参数为 $(\Theta_i\mu_{it}, \rho)$ 的对数正态分布，且 Θ_i 为风险参数。给定 $\Theta_i = \theta_i$ 的条件下，即 $Y_{it,k} \mid \Theta_i = \theta_i \sim \text{lognormal}(\theta_i\mu_{it}, \rho)$，对数正态分布的密度函数表示为：

$$
f_{Y_{it,k}}(y_{it,k} \mid \Theta_i = \theta_i) = \frac{1}{y_{it,k}}\sqrt{\frac{\rho}{2\pi}} e^{-\frac{\rho}{2}(\ln y_{it,k}-\theta_i\mu_{it})^2} \tag{5-29}
$$

其中，对数正态分布的期望和方差为：

$$
E(Y_{it,k} \mid \theta_i) = \exp\left(\theta_i\mu_{it} + \frac{1}{2\rho}\right)
$$

$$
\text{Var}(Y_{it,k} \mid \theta_i) = \exp(1/\rho)\exp(2\theta_i\mu_{it} + 1/\rho)
$$

假设 Θ_i 服从参数为 (m, v) 的正态分布，即 $\Theta_i \sim N(m, v)$，其密度函数表示为：

$$f_{\Theta_i}(\theta_i) = \sqrt{\frac{v}{2\pi}} \cdot e^{-\frac{v}{2}(\theta_i - m)^2}, \quad v > 0, \quad m \in R \qquad (5-30)$$

此时，$f_{Y_{it,k}}(y_{it,k})$ 的密度函数表示为：

$$f_{Y_{it,k}}(y_{it,k}) = \frac{1}{y_{it,k}} \frac{\sqrt{\rho v}}{2\pi} \cdot \int e^{-\frac{\rho}{2}(\ln y_{it,k} - \theta_i \mu_{it})^2 - \frac{v}{2}(\theta_i - m)^2} d\theta_i \qquad (5-31)$$

式（5-31）$f_{Y_{it,k}}(y_{it,k})$ 的密度函数的积分中指数部分可以简化为：

$$-\frac{\rho}{2}(\ln y_{it,k} - \theta_i \mu_{it})^2 - \frac{v}{2}(\theta_i - m)^2$$

$$= -\frac{\rho}{2}\mu_{it}^2 \theta_i^2 + \rho \mu_{it} \ln y_{it,k} \cdot \theta_i - \frac{\rho}{2}(\ln y_{it,k})^2 - \frac{v}{2}\theta_i^2 + vm\theta_i - \frac{vm^2}{2}$$

$$\propto \left(-\frac{\rho}{2}\mu_{it}^2 - \frac{v}{2}\right)\left[\theta_i^2 - 2\frac{\rho \mu_{it} \ln y_{it,k} + vm}{v + \rho \mu_{it}^2}\theta_i\right]$$

$$\propto -\frac{v + \rho \mu_{it}^2}{2}\left(\theta - \frac{\rho \mu_{it} \ln y_{it,k} + vm}{v + \rho \mu_{it}^2}\right)^2 \qquad (5-32)$$

此时，$f_{Y_{it,k}}(y_{it,k})$ 的密度函数可以简化为：

$$f_{Y_{it,k}}(y_{it,k}) = \frac{1}{y_{it,k}}\sqrt{\frac{\rho v}{2\pi}} \cdot e^{-\frac{v\rho(\ln y_{it,k} - m\mu_{it})^2}{2(v + \rho \mu_{it}^2)}} = \frac{1}{y_{it,k}}\sqrt{\frac{\xi}{2\pi}} \cdot e^{-\frac{\xi}{2}(\ln y_{it,k} - m\mu_{it})^2}$$

$$(5-33)$$

其中，$\xi = \dfrac{v\rho}{v + \rho \mu_{it}^2}$。

这就表明，$f_{Y_{it,k}}(y_{it,k})$ 的密度函数可以表示为参数（$m\mu_{it}$，ξ）的对数正态分布的密度函数。因此，第 i 份保单在第 t 年内第 k 次的索赔金额 $X_{it,k}$ 的期望为：

$$\mathrm{E}(Y_{it,k}) = \exp\left[m\mu_{it} + \frac{1}{2\xi}\right] = \exp\left[m\mu_{it} + \frac{v + \rho \mu_{it}^2}{2v\rho}\right] \qquad (5-34)$$

如果保单没有任何历史索赔记录，则未来索赔金额的预测值就是基于已知的风险特征信息的预测值 $\exp\left[m\mu_{it} + \dfrac{v + \rho \mu_{it}^2}{2v\rho}\right]$。若在模型参数中引入先验信息，在恒等连接函数下表示为 $\mu_{it} = x_{it}\beta$。

如果已知保单过去 T 年的历史索赔金额的记录（$y_{i1,1}$，$y_{i1,2}$，…，$y_{i1,N_{i1}}$，…，$y_{iT,1}$，$y_{iT,2}$，…，$y_{iT,N_{iT}}$），则 Θ_i 的后验分布的密度函数可以表示为：

$$f_{\Theta_i}(\theta_i \mid y_{i1,1}, \cdots, y_{iT,N_{iT}}) = \frac{f(\theta_i, y_{i1,1}, \cdots, y_{iT,N_{iT}})}{f(y_{i1,1}, \cdots, y_{iT,N_{iT}})}$$

$$= \frac{f(\theta_i)f(y_{i1,1}, \cdots, y_{iT,N_{iT}} \mid \theta_i)}{f(y_{i1,1}, \cdots, y_{iT,N_{iT}})}$$

$$\propto \sqrt{\frac{v}{2\pi}} \exp\left[-\frac{v(\theta_i - m^2)}{2}\right] \cdot \prod_{t=1}^{T}\prod_{k=1}^{N_{it}} \frac{1}{y_{it,k}} \times$$

$$\sqrt{\frac{\rho}{2\pi}} \exp\left[-\frac{\rho(\ln y_{it,k} - \mu_{it}\theta_i)^2}{2}\right]$$

$$\propto \exp\left[-\frac{v}{2}(\theta_i - m)^2\right] \times \exp\left[-\frac{\rho}{2}\sum_{t=1}^{T}\sum_{k=1}^{N_{it}}(\ln y_{it,k} - \mu_{it}\theta_i)^2\right]$$

$$\propto \exp\left[-\frac{v}{2}(\theta_i - m)^2 - \frac{\rho}{2}\sum_{t=1}^{T}\sum_{k=1}^{N_{it}}(\ln y_{it,k} - \mu_{it}\theta_i)^2\right]$$

$f_{\Theta_i}(\theta_i \mid y_{i1,1}, \cdots, y_{iT,N_{iT}})$ 的密度函数的指数部分可以简化为：

$$-\frac{v}{2}(\theta_i - m)^2 - \frac{\rho}{2}\sum_{t=1}^{T}\sum_{k=1}^{N_{it}}(\ln y_{it,k} - \mu_{it}\theta_i)^2$$

$$= -\frac{v}{2}\theta_i^2 + v\theta_i - \frac{vm}{2} - \frac{\rho}{2}\cdot\sum_{t=1}^{T}\sum_{k=1}^{N_{it}}\mu_{it}^2\theta_i^2 + \rho\sum_{t=1}^{T}\sum_{k=1}^{N_{it}}\mu_{it}\ln y_{it,k}\theta_i -$$

$$\frac{\rho}{2}\sum_{t=1}^{T}\sum_{k=1}^{N_{it}}(\ln y_{it,k})^2$$

$$= \left(-\frac{v}{2} - \frac{\rho}{2}\sum_{t=1}^{T}\sum_{k=1}^{N_{it}}\mu_{it}^2\right)\theta_i^2 + \left(v + \rho\sum_{t=1}^{T}\sum_{k=1}^{N_{it}}\mu_{it}\ln y_{it,k}\right)\theta_i - \frac{vm}{2} -$$

$$\frac{\rho}{2}\sum_{t=1}^{T}\sum_{k=1}^{N_{it}}(\ln y_{it,k})^2$$

$$\propto -\frac{v + \rho\sum_{t=1}^{T}\sum_{k=1}^{N_t}\mu_{it}^2}{2}\left[\theta_i^2 - 2\cdot\frac{vm + \rho\sum_{t=1}^{T}\sum_{k=1}^{N_{it}}\mu_{it}\ln y_{it,k}}{v + \rho\sum_{t=1}^{T}\sum_{k=1}^{N_{it}}\mu_{it}^2}\theta_i\right]$$

$$
\propto - \frac{v + \rho \sum\limits_{t=1}^{T} N_{it}\mu_{it}^{\ 2}}{2} \left(\theta_i - \frac{vm + \rho \sum\limits_{t=1}^{T} \sum\limits_{k=1}^{N_{it}} \mu_t \ln y_{it,\,k}}{v + \rho \sum\limits_{t=1}^{T} N_{it}\mu_{it}^{\ 2}} \right)^2
$$

此时，Θ_i 的后验分布的密度函数简化为：

$$
f_{\Theta_i}(\theta_i \mid y_{i1,\,1},\ \cdots,\ y_{iT,\,N_{iT}})
$$

$$
\propto \exp\left[-\frac{v + \rho \sum\limits_{t=1}^{T} N_{it}\mu_{it}^{\ 2}}{2} \left(\theta_i - \frac{vm + \rho \sum\limits_{t=1}^{T} \sum\limits_{k=1}^{N_{it}} \mu_t \ln y_{it,\,k}}{v + \rho \sum\limits_{t=1}^{T} N_{it}\mu_{it}^{\ 2}} \right)^2 \right] \tag{5-35}
$$

显然，从式（5-35）中可以看出，Θ_i 的后验分布是参数为

$$
\left(\frac{vm + \rho \sum\limits_{t=1}^{T} \sum\limits_{k=1}^{N_{it}} \mu_t \ln y_{it,\,k}}{v + \rho \sum\limits_{t=1}^{T} N_{it}\mu_{it}^{\ 2}},\ v + \rho \sum\limits_{t=1}^{T} N_{it}\mu_{it}^{\ 2} \right)
$$
的正态分布。

基于此，保单在 $T+1$ 年的索赔金额的预测分布的密度函数可以进一步表示为：

$$
f(y_{i,\,T+1} \mid y_{i11},\ \cdots,\ y_{iTN_{iT}})
$$

$$
= \int f(y_{i,\,T+1} \mid \theta_i) f(\theta_i \mid y_{i11},\ \cdots,\ y_{iTN_{iT}}) d\theta_i
$$

$$
= \frac{1}{y_{i,\,T+1}} \sqrt{\frac{\rho(v + \rho \sum\limits_{t=1}^{T} N_{it}\mu_{it}^2)}{2\pi(v + \rho \sum\limits_{t=1}^{T} N_{it}\mu_{it}^2 + \rho\mu_{i,\,T+1}^2)}}
$$

$$
= \exp\left[-\frac{\rho(v + \rho \sum\limits_{t=1}^{T} N_{it}\mu_{it}^2)}{2(v + \rho \sum\limits_{t=1}^{T} N_{it}\mu_{it}^2 + \rho\mu_{i,\,T+1}^2)} \left(\ln y_{i,\,T+1} - \frac{vm + \rho \sum\limits_{t=1}^{T} \mu_t \ln y_{itk}}{N_{it}\mu_{it}^2} \right) \right]
$$

$$
\tag{5-36}
$$

保单在 $T+1$ 年的索赔金额的预测值为预测分布的期望，即：

$$
E(Y_{i,\,T+1} \mid y_{i1,\,1},\ \cdots,\ y_{iT,\,N_{iT}})
$$

$$= \exp\left[\mu_{i,\,T+1} \cdot \frac{vm + \rho \sum_{t=1}^{T} \sum_{k=1}^{N_{it}} \mu_{it} \ln y_{itk}}{v + \rho \sum_{t=1}^{T} N_{it}\mu_{it}^2} + \frac{v + \rho \sum_{t=1}^{T} N_{it}\mu_{it}^2 + \rho\mu_{i,\,T+1}^2}{2(v + \rho \sum_{t=1}^{T} N_{it}\mu_{it}^2)\rho}\right]$$

$$(5\text{-}37)$$

式（5-37）就是基于对数正态—正态最优奖惩系统对保单未来索赔金额的预测，其中 μ_{iT+1} 是基于第 i 份保单在第 $T+1$ 年的已知的风险特征信息。

如果已知保单过去 T 年的历史索赔金额记录为 $(y_{i1,1}, \cdots, y_{iT,N_{iT}})$，对数正态—正态最优奖惩系统的联合密度为：

$$f(y_{i11}, \cdots, y_{iTN_{iT}}) = \frac{\sqrt{v}\,\left(\sqrt{\dfrac{\rho}{2\pi}}\right)^{\sum\limits_{t=1}^{T} N_{it}} \prod\limits_{t=1}^{T} \prod\limits_{k=1}^{N_{it}} \dfrac{1}{y_{itk}}}{\sqrt{v + \rho \sum\limits_{t=1}^{T} N_{it}\mu_{it}^2}}$$

$$\exp\left[\frac{\left(vm + \rho \sum\limits_{t=1}^{T} \sum\limits_{k=1}^{N_{it}} \mu_{it} \ln y_{itk}\right)^2}{2(v + \rho \sum\limits_{t=1}^{T} N_{it}\mu_{it}^2)} - \frac{v}{2}m^2 - \right.$$

$$\left. \frac{\rho}{2} \sum_{t=1}^{T} \sum_{k=1}^{N_{it}} (\ln y_{itk})^2 \right] \qquad (5\text{-}38)$$

四、极大似然估计

在指数—逆伽马分布假设下，根据式（5-21）可以得到第 i 份保单的对数似然函数为：

$$l_i(\beta, s) = \log\Gamma\left(s + \sum_{t=1}^{T} N_{it}\right) + s\log(s-1) - \log\Gamma(s) - \sum_{t=1}^{T} N_{it}\log(\mu_{it}) -$$

$$\left(s + \sum_{t=1}^{T} N_{it}\right)\log\left(s - 1 + \sum_{t=1}^{T} \frac{\sum\limits_{k=1}^{N_{it}} y_{it,k}}{\mu_{it}}\right) \qquad (5\text{-}39)$$

在伽马—伽马分布假设下，根据式（5-28）可以得到第 i 份保单的对数似然函数为：

$$l_i(\beta,\ \tau,\ \eta) = \tau\log(\eta) + \log\Gamma(\sum_{t=1}^{T} N_{it}\delta_{it} + \tau)$$

$$- (\sum_{t=1}^{T} N_{it}\delta_{it} + \tau)\log(\eta + \sum_{t=1}^{T}\sum_{k=1}^{N_{it}} y_{it,k}) - \log\Gamma(\tau)$$

$$+ \sum_{t=1}^{T}\sum_{k=1}^{N_{it}} [(\delta_{it} - 1)\log(y_{it,k}) - \log\Gamma(\delta_{it})]$$

$$(5\text{-}40)$$

在对数正态—正态分布假设下，根据式（5-38）可以得到第 i 份保单的对数似然函数为：

$$l_i(\beta,v,\rho,m) = \log(\sqrt{v}) + \frac{1}{2}\sum_{t=1}^{T} N_{it}\log(\frac{\rho}{2\pi}) - \sum_{t=1}^{T}\sum_{k=1}^{N_{it}}\log(y_{it,k})$$

$$- \frac{1}{2}\log(v + \rho\sum_{t=1}^{T} N_{it}\mu_{it}{}^2) + \frac{(vm + \rho\sum_{t=1}^{T}\sum_{k=1}^{N_{it}}\mu_{it}\ln y_{it,k})^2}{2(v + \rho\sum_{t=1}^{T} N_{it}\mu_{it}{}^2)}$$

$$- \frac{v}{2}m^2 - \frac{\rho}{2}\sum_{t=1}^{T}\sum_{k=1}^{N_{it}} (\ln y_{it,k})^2 \qquad (5\text{-}41)$$

通过极大化模型的似然函数 $\sum_{i=1}^{n} l_i(\beta,\ s)$、$\sum_{i=1}^{n} l_i(\beta,\ \tau,\ \eta)$ 和 $\sum_{i=1}^{n} l_i(\beta,\ v,\ \rho,\ m)$，可以求得上述三种奖惩系统的参数估计值 $(\hat{\beta},\ \hat{s})$、$(\hat{\beta},\ \hat{\tau},\ \hat{\eta})$ 和 $(\hat{\beta},\ \hat{v},\ \hat{\rho},\ \hat{m})$。与索赔次数的奖惩系统类似，运用 R 软件的 OPTIM 函数得到参数的极大似然估计值，将估计值代入式（5-39）、式（5-40）和式（5-41），就可以分别得到指数—逆伽马、伽马—伽马和对数正态—正态分布假设下的奖惩系统对保单未来索赔金额的预测值。

第三节　基于纯保费最优奖惩系统

对第 i 份保单而言，若已知该保单的历史索赔次数（n_{i1}，…，

n_{iT}）和历史索赔金额（$y_{i1,1}$，$\cdots$，$y_{iT,N_{iT}}$），并根据该保单已知的风险特征信息可以计算得到第 0 年和第 $T+1$ 年的索赔次数预测值及索赔金额的预测值，将两者相乘得到第 i 份保单的纯保费预测值。譬如，当对保单索赔数据构建泊松—伽马和指数—伽马最优奖惩系统时，该保单的纯保费预测值可以表示为：

$$P_{i,\,T+1} = \lambda_{i,\,T+1} \frac{\sum\limits_{t=1}^{T} n_{it} + \alpha}{\sum\limits_{t=1}^{T} \lambda_{it} + \alpha} \times \mu_{i,\,T+1} \frac{s - 1 + \sum\limits_{t=1}^{T} \dfrac{\sum\limits_{k=1}^{n_{it}} y_{ij,\,k}}{\mu_{it}}}{s + \sum\limits_{t=1}^{T} n_{it} - 1}$$

当对保单索赔数据构建负二项—贝塔和伽马—伽马最优奖惩系统时，该保单的纯保费预测值可以表示为：

$$P_{i,\,T+1} = r_{i,\,T+1} \frac{\sum\limits_{t=1}^{T} n_{it} + b}{\sum\limits_{t=1}^{T} r_{it} + a - 1} \times \delta_{iT+1} \frac{\eta + \sum\limits_{t=1}^{T} \sum\limits_{k=1}^{N_{it}} y_{it,\,k}}{\tau + \sum\limits_{t=1}^{T} N_{it} \delta_{it} - 1}$$

第四节　实际数据分析

一、数据描述

本节基于我国一家财产保险公司的商业汽车保险在 2010~2015 年保险期间的赔付数据进行实证分析。该数据属于非平衡的纵向数据，共有 36748 条索赔记录，其中每份保单共有 3~6 年的赔付数据和先验风险特征信息（见表 5-1）。

表 5-2 显示了在 2010~2015 年索赔次数的经验分布。在该组数据中，保单的最大索赔次数观察值为 7 次，最小观察值为 0 次，其中零索赔的保单占 79.1%，且每年都存在大部分未发生索赔的保单。从总体来看，索赔次数的均值为 0.288，小于索赔次数的方差 0.407，表明

索赔次数可能存在过离散特点。另外，2010~2012 年的保单投保人数量都存在一定的差异性，2013~2014 年的投保人数保持不变，这就表明所有保单都包含至少 3 年的赔付数据，部分保单包含 4~6 年的赔付信息。表 5-3 显示了在 2010~2015 年索赔强度的经验分布，其中案均赔款为保单平均每次索赔的金额，表示为保单累积赔款与索赔次数之比。在该组数据中，保单的案均赔款最大值为 45，最小值为 202700，均值（2264元）大于中位数（1047 元），表明案均赔款是右偏的。表 5-1 显示了保单的先验特征信息，主要包含 3 个协变量，分别是车主性别、车主职业、车辆购置价。车主职业包含 6 个水平，分别用职业代码表示；车辆购置价包含 6 个水平，分别是 2 万~5 万元、5 万~10 万元、10 万~15万元、15 万~20 万元、20 万~30 万元和 30 万~200 万元。根据保单的已知风险特征信息，可以将保单划分为 65 个风险类别。

表 5-1　保单的先验特征信息

变量	类型	变量描述
车主性别	分类变量	包含 2 个水平，分别是男性、女性
车主职业	分类变量	包含 6 个水平，表示 6 种不同职业类型
车辆购置价	分类变量	包含 6 个水平，分别是 2 万~5 万元、5 万~10 万元、10 万~15 万元、15 万~20 万元、20 万~30 万元和 30 万~200 万元
索赔次数	离散型变量	0，1，2，3，…
索赔强度	连续型变量	案均赔款

表 5-2　2010~2015 年索赔次数的经验分布

索赔次数	百分比（%）						总体	
	2010 年	2011 年	2012 年	2013 年	2014 年	2015 年	保单数（个）	百分比（%）
0	66.9	69.2	70.9	73.0	76.6	94.8	29063	79.1
1 次	22.3	19.8	19.1	18.0	17.6	4.6	5411	14.7
2 次	7.1	7.9	7.5	6.9	4.7	0.5	1756	4.8
3 次	2.8	2.4	1.8	1.7	0.9	0	419	1.1
4 次及以上	1.0	0.6	0.7	0.3	0.2	0	99	0.3
保单数	1144	2051	4417	9712	9712	9712	36748	100

表5-3　2010~2015年索赔强度的经验分布

案均赔款	2010 年	2011 年	2012 年	2013 年	2014 年	2015 年	总体
最小值	50	45	50	50	50	100	45
均值（元）	1631	2185	2316	2254	2254	2439	2264
上四分位点	300	400	590	669	740	700	600
中位数	475	630	970	1150	1250	1240	1047
下四分位点	859	1139	1600	1800	1825	1900	1750
最大值	88268	202700	120491	137838	122000	90733	202700

二、基于索赔次数最优奖惩系统的测算结果

下面以保单的索赔次数为因变量，以保单的"车主性别""车主职业"和"车辆购置价"为协变量构建泊松—伽马和负二项—贝塔两种最优奖惩系统，并将"女性""职业1002"和"车辆购置价2万~5万元"作为基准水平，并运用极大似然估计方法进行参数估计。

表5-4给出了两种奖惩系统的参数估计结果及AIC、BIC统计量。从极大似然法的估计结果来看，泊松—伽马分布假设下的奖惩系统与负二项—贝塔分布假设下的奖惩系统也比较接近，在泊松—伽马分布假设下，奖惩系统的AIC和BIC统计量分别为41769和41880，在负二项—贝塔分布假设下，奖惩系统的AIC和BIC统计量分别为41771和41891，表明对于本例的数据而言，泊松—伽马分布假设下的奖惩系统与负二项—贝塔分布假设下的奖惩系统对数据的拟合相差不大。以负二项—贝塔分布假设下的奖惩系统为例，"车主性别""车主职业"和"车辆购置价"对索赔次数均呈现显著性影响。男性车主的索赔频率是女性车主的 $\exp(-0.13) = 0.88$ 倍。另外，车主职业和车辆购置价也是重要的费率因子，车辆购置价与索赔频率呈现较为明显的正相关性，其中基准类别（2万~5万元的车辆）的索赔频率最低；购置价为5万~10万元的车辆索赔频率是基准类别的 $\exp(0.38) = 1.461.48$ 倍；购置价在30万~200万元的车辆索赔频率是基准类别的 $\exp(0.38) = 1.24$ 倍。

表 5-4　索赔次数最优奖惩系统参数估计值—极大似然估计

回归参数	泊松—伽马最优奖惩系统		负二项—贝塔最优奖惩系统	
	估计值	95%的置信区间	估计值	95%的置信区间
截距项	-2.20	(-2.28, -2.12)	5.38	(5.25, 5.50)
性别［男性］	-0.13	(-0.18, -0.07)	-0.13	(-0.18, -0.07)
职业类别［1004］	0.23	(0.08, 0.37)	0.23	(0.08, 0.38)
职业类别［1224］	1.58	(1.52, 1.64)	1.58	(1.53, 1.64)
职业类别［1225］	1.79	(0.78, 2.79)	1.83	(0.83, 2.83)
职业类别［1229］	1.61	(1.52, 1.69)	1.61	(1.52, 1.70)
职业类别［1231］	-0.48	(-0.88, -0.07)	-0.47	(-0.88, -0.07)
车辆购置价［5万~10万元］	0.38	(0.3, 0.46)	0.38	(0.31, 0.46)
车辆购置价［10万~15万元］	0.44	(0.35, 0.53)	0.44	(0.36, 0.53)
车辆购置价［15万~20万元］	0.39	(0.28, 0.49)	0.39	(0.28, 0.49)
车辆购置价［20万~30万元］	0.27	(0.15, 0.39)	0.27	(0.15, 0.39)
车辆购置价［30万~20万元］	0.22	(0.07, 0.37)	0.22	(0.07, 0.38)
泊松—伽马参数 α	1.95	(1.76, 2.13)	—	—
负二项—贝塔参数 a	—	—	3793.68	(3781.99, 3805.38)
负二项—贝塔参数 b	—	—	1.95	(1.77, 2.15)
AIC 统计量	41769		41771	
BIC 统计量	41880		41891	

根据表 5-4 的参数估计结果，对不同风险类别的保单可以构建不同的奖惩系统。将参数估计值代入式（5-8）和式（5-13），就可以得到在考虑保单历史索赔记录的情况下，两种奖惩系统对保单未来索赔频率的预测值。用该预测值除以新保单（没有任何历史索赔记录）的索赔频率预测值就可以得到相应的奖惩系数。

为了便于分析，本书根据模型参数的估计结果，将保单划分为高风险、中等风险和低风险三个类别，如表 5-5 所示。注意，该表是仅根据保单先验风险特征信息进行的分类，即按照新保单的索赔频率预测值高低进行划分。

表 5-5　根据先验风险特征对保单的风险划分

风险类别	性别	职业	车辆购置价	索赔频率预测结果	
				泊松—伽马	负二项—贝塔
低风险	女性	职业 1231	15 万~20 万元	0.101	0.102
中等风险	男性	职业 1224	2 万~5 万元	0.172	0.172
高风险	男性	职业 1225	30 万~200 万元	0.727	0.760

　　表 5-7 和表 5-10 是根据中等风险类别的保单构建的两种奖惩系统，从中可以看出，两种奖惩系统对保单的奖励和惩罚力度基本相同，譬如，当保单在第一年发生两次索赔后，泊松—伽马分布假设和负二项—贝塔分布假设下的奖惩系统对第二年的保费惩罚都为 1.48 倍；当保单在第一年未发生索赔时，两种奖惩系统对保费的折扣都为 0.73 倍；若保单连续三年没有发生索赔，两种奖惩系统对保费的折扣都为 0.31 倍。表 5-6、表 5-8、表 5-9 和表 5-11 还给出了两种奖惩系统对低风险和高风险的奖惩系数。

表 5-6　泊松—伽马分布假设下的奖惩系统（低风险保单）

保险年度	索赔次数（次）						
	0	1	2	3	4	5	6
0	1						
1	0.95	1.44	1.93	2.42	2.90	3.39	3.88
2	0.91	1.37	1.84	2.30	2.77	3.23	3.70
3	0.86	1.31	1.75	2.20	2.64	3.09	3.53
4	0.83	1.25	1.68	2.10	2.53	2.95	3.38
5	0.79	1.20	1.61	2.02	2.42	2.83	3.24
6	0.76	1.15	1.54	1.94	2.33	2.72	3.11

表 5-7　泊松—伽马分布假设下的奖惩系统（中等风险保单）

保险年度	索赔次数（次）						
	0	1	2	3	4	5	6
0	1						

保险年度	索赔次数（次）						
	0	1	2	3	4	5	6
1	0.80	1.22	1.63	2.04	2.46	2.87	3.28
2	0.67	1.02	1.36	1.71	2.05	2.40	2.74
3	0.58	0.87	1.17	1.47	1.76	2.06	2.36
4	0.51	0.77	1.03	1.29	1.55	1.81	2.07
5	0.45	0.68	0.91	1.14	1.38	1.61	1.84
6	0.41	0.61	0.82	1.03	1.24	1.45	1.66

表5-8　泊松—伽马分布假设下的奖惩系统（高风险保单）

保险年度	索赔次数（次）						
	0	1	2	3	4	5	6
0	1.00						
1	0.73	1.10	1.48	1.85	2.22	2.60	2.97
2	0.57	0.87	1.16	1.45	1.75	2.04	2.34
3	0.47	0.71	0.96	1.20	1.44	1.68	1.93
4	0.40	0.61	0.81	1.02	1.22	1.43	1.64
5	0.35	0.53	0.71	0.89	1.07	1.24	1.42
6	0.31	0.47	0.63	0.78	0.94	1.10	1.26

表5-9　负二项—贝塔分布假设下的奖惩系统（低风险保单）

保险年度	索赔次数（次）						
	0	1	2	3	4	5	6
0	1.00						
1	0.95	1.44	1.93	2.41	2.90	3.39	3.88
2	0.91	1.37	1.83	2.30	2.76	3.23	3.69
3	0.86	1.31	1.75	2.20	2.64	3.08	3.53
4	0.83	1.25	1.68	2.10	2.53	2.95	3.37
5	0.79	1.20	1.61	2.01	2.42	2.83	3.23
6	0.76	1.15	1.54	1.93	2.32	2.72	3.11

表5-10 负二项—贝塔分布假设下的奖惩系统（中等风险保单）

保险年度	索赔次数（次）						
	0	1	2	3	4	5	6
0	1.00						
1	0.80	1.22	1.63	2.04	2.46	2.87	3.28
2	0.67	1.02	1.36	1.71	2.05	2.40	2.74
3	0.58	0.87	1.17	1.47	1.76	2.06	2.36
4	0.51	0.77	1.03	1.29	1.55	1.81	2.07
5	0.45	0.68	0.91	1.14	1.38	1.61	1.84
6	0.41	0.61	0.82	1.03	1.24	1.45	1.66

表5-11 负二项—贝塔分布假设下的奖惩系统（高风险保单）

保险年度	索赔次数（次）						
	0	1	2	3	4	5	6
0	1.00						
1	0.72	1.09	1.46	1.83	2.2	2.57	2.94
2	0.56	0.85	1.14	1.43	1.72	2.00	2.29
3	0.46	0.70	0.93	1.17	1.41	1.64	1.88
4	0.39	0.59	0.79	0.99	1.19	1.39	1.59
5	0.34	0.51	0.69	0.86	1.03	1.21	1.38
6	0.30	0.45	0.61	0.76	0.91	1.07	1.22

三、与我国现行奖惩系统的比较

为了与我国商业车险中使用的奖惩系统进行比较，表5-12 给出了我国 2015 年商业车险费率改革前后的奖惩系数，同时根据本书提出的方法对在不同风险类别下的奖惩系数进行了重新测算，测算结果以负二项—贝塔分布假设下的奖惩系统为例。

表 5-12 我国商业车险的奖惩系数比较

索赔经验	现行的奖惩系数	负二项—贝塔的奖惩系数		
		低风险	中等风险	高风险
连续三年不出险	0.60	0.86	0.58	0.47
连续两年不出险	0.70	0.91	0.67	0.57
上年不出险	0.85	0.95	0.80	0.73
新车	1	1	1	1
上年出险一次	1	1.44	1.22	1.10
上年出险两次	1.25	1.93	1.63	1.48
上年出险三次	1.50	2.42	1.04	1.85
上年出险四次	1.75	2.90	2.46	2.22
上年出险五次及以上	2	3.39	2.87	2.57

从表 5-12 的测算结果可以得出如下结论：

第一，不同风险类别的奖惩系数存在较大的差异，具体表现为：根据先验风险特征被划分为低风险的保单，奖励幅度较低，惩罚幅度较大；而根据先验风险特征被划分为高风险的保单，奖励幅度较高，惩罚幅度较小。譬如，对于"连续三年不出险"的低风险保单，费率折扣系数为 0.86，而对高风险保单，费率折扣系数为 0.47；对于"上年出险一次"的低风险保单，惩罚系数为 1.44 倍，而对高风险保单，惩罚系数为 1.10 倍。这其中的原因是，根据先验风险特征被划分为低风险的保单，已经缴纳了相对较低的先验保费，而根据先验风险特征被划分为高风险的保单，已经缴纳了相对较高的先验保费，所以，为了避免重复性奖励和惩罚，奖惩系统降低了对低风险保单的奖励幅度，同时也降低了对高风险保单的惩罚幅度。这也是本书提出的最优奖惩系统的一个最重要的性质，即考虑了保单先验风险特征信息和经验索赔信息的相依关系，解决了定价过程中的重复奖励和惩罚。

第二，中等风险类别的奖惩系数最低为 0.58，最高为 2.87，奖励和惩罚的幅度都略高于我国商业车险的奖惩系数。这表明我国商业车险条款对保单的奖励和惩罚力度还没有到位。

第三，在保费惩罚方面，我国商业车险条款对"上年出险一次"的保单不进行费率调整，奖惩系数设定为 1。本书的测算结果显示，保险公司对高风险的保单在"上年出险一次"的情况下惩罚系数为1.1，中等风险和低风险的保单惩罚系数更高，分别为 1.22 和 1.44。随着保单历史索赔次数不断增加，奖惩系统对低风险、中等风险和高风险的保费的惩罚最高分别达到了 3.39 倍、2.87 倍和 2.57 倍，远远高于我国商业车险条款规定的惩罚系数。

由此可见，我国现行的商业车险奖惩系统存在下述问题：

第一，在我国现行的奖惩系统中，奖惩系数没有考虑先验费率的差异，所有保单共用一套奖惩系数。本章提出的两种奖惩系统基于不同的先验费率确定不同的奖惩系数，在一定程度上避免了保费的重复性奖励和惩罚。

第二，我国现行的奖惩系统只有 8 个保费等级，不能有效区分不同保单在索赔经验上的差异。

第三，我国现行奖惩系统对保单的奖励和惩罚都过于温和，奖惩系数最低为 0.6，最高为 2，与本书的测算结果存在一定差异。此外，以美国北卡罗来纳州为例，汽车保险的保费惩罚最高可以是基准保费的 6.75 倍。这说明我国现行的奖惩系统还有必要进一步提高奖惩幅度。

第四，我国现行奖惩系统仅仅考虑保单的历史索赔次数对保费的调整作用，忽略了历史索赔金额对保费的影响。因此，在下面的分析中，笔者提出了基于索赔金额构建的最优奖惩系统，进一步完善了我国最优奖惩系统的设计。

四、基于纯保费最优奖惩系统的测算结果

我国商业车险的奖惩系统局限在于，保单的保费仅仅根据保单的历史索赔次数进行调整，与保单发生的索赔金额无关。实际上，在构建最优奖惩系统时，考虑根据保单的历史索赔金额对保单纯保费进行调整也是十分必要的。

下面以保单的索赔金额为因变量，以保单的"车主性别""车主职业"和"车辆购置价"为协变量分别建立指数—逆伽马、逆伽马—

伽马和对数正态—正态分布假设下的最优奖惩系统，并运用极大似然方法进行参数估计。该类奖惩系统考虑了索赔金额在不同年度之间的相依关系，同时考虑了保单不同的先验风险特征信息和保单的历史索赔信息对费率的调整作用。

表 5-13 给出了三种奖惩系统参数的估计值，95%概率下的置信区间以及拟合优度统计量。从极大似然估计方法的估计结果来看，在指数—逆伽马、逆伽马—伽马和对数正态—正态分布假设下，三个奖惩系统的 AIC 统计量分别为 129420、127809 和 127915，BIC 统计量分别为 129530、127928 和 128043。这就表明对于本例的数据而言，伽马—伽马分布假设下的奖惩系统相对更优，其中"车主性别"对索赔金额无显著影响，"车主职业"和"车辆购置价"对索赔金额均呈现显著性影响。具体而言，职业类别 1004 的索赔金额低于基准类别，职业类别 1224、1225、1229 和 1231 都高于基准类别，另外车辆购置价格越高，索赔金额越高。

表 5-13　索赔金额最优奖惩系统参数估计（极大似然估计）

回归参数	指数—逆伽马最优奖惩系统		伽马—伽马最优奖惩系统		对数正态—正态最优奖惩系统	
	估计值	置信区间	估计值	置信区间	估计值	置信区间
截距项	7.38	(7.27, 7.48)	0.66	(0.58, 0.73)	5.75	(4.99, 6.5)
性别［男性］	0.04	(−0.03, 0.10)	−0.01	(−0.05, 0.03)	0.11	(0.06, 0.16)
职业类别［1004］	−0.15	(−0.32, 0.03)	−0.04	(−0.15, 0.07)	−0.35	(−0.49, −0.21)
职业类别［1224］	0.01	(−0.06, 0.07)	0.08	(0.04, 0.12)	0.03	(−0.02, 0.08)
职业类别［1225］	−0.13	(−1.42, 1.15)	0.18	(−0.61, 0.97)	2.76	(1, 4.53)
职业类别［1229］	0.09	(−0.02, 0.19)	0.21	(0.15, 0.28)	0.14	(0.07, 0.22)
职业类别［1231］	0.48	(−0.03, 0.99)	0.28	(0.02, 0.55)	0.72	(0.36, 1.08)
车辆购置价［5万~10万元］	0.05	(−0.04, 0.15)	0.08	(0.02, 0.14)	−0.11	(−0.18, −0.03)
车辆购置价［10万~15万元］	0.08	(−0.03, 0.19)	0.11	(0.05, 0.18)	−0.12	(−0.21, −0.04)
车辆购置价［15万~20万元］	0.22	(0.09, 0.36)	0.17	(0.08, 0.25)	0.06	(−0.03, 0.15)
车辆购置价［20万~30万元］	0.38	(0.23, 0.52)	0.27	(0.18, 0.36)	0.24	(0.14, 0.34)
车辆购置价［30万~150万元］	0.71	(0.60, 0.81)	0.26	(0.14, 0.37)	−0.21	(−0.38, −0.03)
$\ln(s-1)$	0.71	(0.60, 0.82)	—	—	—	—
$\ln(\tau)$	—	—	0.95	(0.89, 1.00)	—	—

回归参数	指数—逆伽马 最优奖惩系统		伽马—伽马 最优奖惩系统		对数正态—正态 最优奖惩系统	
	估计值	置信区间	估计值	置信区间	估计值	置信区间
$\ln(\eta)$	—	—	7.13	(7.05, 7.22)	—	—
m					1.20	(1.05, 1.36)
$\ln(v)$	—	—	—	—	4.87	(4.61, 5.12)
$\ln(\rho)$			—		0.38	(0.33, 0.43)
AIC	129420		127809		127915	
BIC	129530		127928		128043	

根据保单的先验风险特征信息以及保单的历史索赔信息，可以构建基于索赔金额最优奖惩系统，然后与索赔次数的预测结果相结合，进一步构建基于纯保费的最优奖惩系统。

下面以先验风险特征为"女性""职业1002"和"车辆购置价2万~5万元"的保单为例，运用泊松—伽马最优奖惩系统对该类风险类别保单的索赔频率进行预测，将该结果与上述三类索赔金额最优奖惩系统的预测结果相乘，可以得到基于纯保费的最优奖惩系统。需要注意的是，指数—逆高斯和伽马—伽马奖惩系统对保单未来索赔金额的预测值取决于保单多年期的累积索赔次数 $\sum_{t=1}^{T} n_{it}$ 以及多年期的累积赔付额 $\sum_{t=1}^{T}\sum_{k=1}^{n_{it}} x_{it,k}$ ，对数正态—正态奖惩系统对保单未来索赔金额的预测值取决于累积索赔次数 $\sum_{t=1}^{T} n_{it}$ 和累积索赔金额的对数 $\sum_{t=1}^{T}\sum_{k=1}^{n_{it}} \ln x_{it,k}$ 。因此，在构建对数正态—正态最优奖惩系统，不仅需要知道保单历史的累积索赔金额，还需要知道保单每次索赔金额的具体值。

表5-14和表5-15给出了在经验累积索赔额为1000元的情况下指数—逆高斯和伽马—伽马纯保费最优奖惩系统的测算结果，其中表头第一行是保单在第一年发生的索赔次数，第一列是对应的保险年度。可以看出，对于新投保的保单，分别运用指数—逆高斯和伽马—伽马纯保费最优奖惩系统，保险公司对该风险类别下保单应该收取的

纯保费为 177 元和 169 元。若保单在第一年保险期间发生一次索赔，且累积索赔额为 1000 元，指数—逆高斯奖惩系统对保单收取的纯保费为 223 元，伽马—伽马奖惩系统对保单收取的纯保费为 197 元，惩罚幅度约为 126% 和 117%。若保单累积索赔次数为 2 次，其累积赔付额为 1000 元，那么该保单在上述两种奖惩系统下收取的纯保费为 224 和 170 元，惩罚幅度约为 127% 和 100.6%。

表 5-16 给出了对数正态—正态的纯保费最优奖惩系统对第一年发生 2 次索赔的保单的纯保费预测结果，其中第一列为第一次索赔的具体金额，第一行为第二次索赔的具体金额。另外，运用对数正态—正态的纯保费奖惩系统，保险公司对新投保的保单收取的纯保费为 177 元。从表 5-16 中可以看出，保单在第一年两次索赔的索赔金额都为 500 元时，该保单的纯保费预测值为 240 元，惩罚幅度约为 136%。若索赔金额分别为 400 元和 600 元时，该保单的纯保费预测值为 238 元，惩罚幅度约为 134%。

总的来看，与伽马—伽马奖惩系统相比，指数—逆高斯奖惩系统对保单惩罚相对严厉，不同分布假设下的奖惩系统对纯保费的预测差异也较为明显。因此，在实际运用过程中，需要根据实际赔付数据的特点选择合适的分布，才能构建相对较为合理的奖惩系统。另外，指数—逆高斯和伽马—伽马的最优奖惩系统只能根据保单的历史累积赔付额进行纯保费的调整，而基于对数正态—正态最优奖惩系统可以根据保单的历史索赔具体金额进行纯保费的调整，使得费率的调整更加灵活。

表 5-14　泊松—伽马和指数—逆高斯的纯保费最优奖惩系统（经验累积索赔额为 1000 元）

保险年度（年）＼索赔次数（次）	1	2	3	4	5	6
0	177					
1	223	224	225	226	226	227
2	211	213	214	214	215	215
3	201	202	203	204	204	205
4	192	193	194	194	195	195

索赔次数（次） 保险年度（年）	1	2	3	4	5	6
5	183	184	185	186	186	186
6	175	177	177	178	178	179

表 5-15　泊松—伽马和伽马—伽马的纯保费最优
奖惩系统（经验累积索赔额为 1000 元）

索赔次数 保险年度	1	2	3	4	5	6
0	169					
1	197	170	157	150	145	141
2	187	161	149	142	137	134
3	178	153	142	135	131	128
4	169	146	135	129	125	122
5	162	140	129	123	119	116
6	155	134	124	118	114	111

表 5-16　泊松—伽马和对数正态—正态的纯保费最优奖惩系统

第一次赔款金额 第二次赔款金额	100	200	300	400	500	600
100	121	140	153	162	170	177
200	140	162	177	188	197	205
300	153	177	193	205	215	224
400	162	188	205	218	229	238
500	170	197	215	229	240	249
600	177	205	224	238	249	259

第五节　本章小结

商业车险费率厘定过程中通常分为分类费率厘定和经验费率厘定

模型。在费率厘定过程中，保单通常包含多年期的赔付数据。广义线性模型假设保单在不同年度的赔付数据是相互独立的，忽略了赔付数据在不同年度之间的相依关系对费率厘定结果的影响。

本章将分类费率厘定和经验费率厘定模型相结合，同时考虑了保单先验风险特征信息和经验索赔信息，分别建立了基于索赔次数的最优奖惩系统和索赔金额的最优奖惩系统。最优奖惩系统在建模过程中引入风险参数来描述保单潜在的风险特征信息，解决了赔付数据在不同年度之间的相依关系，并给出了纯保费预测的显示表达式。

基于我国一家财产保险公司的商业汽车保险在2010~2015年保险期间的赔付数据进行实证分析得出以下结论：

第一，基于索赔次数可以构建基于泊松—伽马分布和负二项—贝塔分布假设下的最优奖惩系统。这两种奖惩系统的测算结果差异不大，求得的奖惩系数比较接近。

第二，2015年，我国实施的商业车险费率改革对奖惩系统进行了相应调整，扩大了奖惩幅度，但仍然存在一些问题。与我国现行的奖惩系统相比，考虑了更多的经验索赔信息；基于不同的先验费率计算奖惩系数，避免了费率厘定过程中可能出现的重复性奖励和惩罚。使用本章设计的奖惩系统，可以有效改进我国现行奖惩系统存在的不足。

第三，对我国现行奖惩系统进行扩展，考虑保单历史索赔金额对保单纯保费的调整作用，进一步可以构建基于指数—逆伽马分布、伽马—伽马分布和对数正态—正态分布假设下的最优奖惩系统，从而进一步扩展了索赔金额分布选择的多样性。

第四，将索赔次数和索赔金额相结合，还可以直接得到保单的纯保费的预测值，使得奖惩系统的设计更加完善。

第六章

总结和展望

在非寿险费率厘定过程中，两种最为重要的模型是分类费率模型和经验费率模型。分类费率主要运用广义线性模型，经验费率主要运用信度模型或者奖惩系统。传统的定价方法一般应用单个模型，并假定风险之间是相互独立的，这在实际中经常低估或高估风险，使得保费定价不够准确，降低了保险分担风险的职能，给保险公司的经营带来了不确定性。因此，本书在国内外相关研究的基础上，考虑了三种风险相依的情况，研究了非寿险中常见业务—商业车险的费率厘定过程。

在费率厘定过程中，相依风险主要体现在三个层面：

第一，空间相依性，即在费率厘定模型中由于空间地理信息和空间变量造成保单的赔付数据在相邻地区之间存在一定的相依关系。在费率厘定过程中，若不考虑具有空间相依结构的地理信息变量，可能在一定程度上会损失数据中的部分重要信息。

第二，保单的索赔次数与索赔金额之间相依性。通常在汽车保险中，索赔次数较多的保单，平均每次索赔的金额可能较低，而索赔次数较少的保单，平均每次索赔的金额可能较高。在纯保费预测中，如果忽略索赔频率与索赔强度之间存在的相依关系，可能造成定价结果的不准确，容易诱发逆选择和道德风险。

第三，保单的赔付数据在不同年度之间的相依关系，主要体现在保单的预测保费需要根据历史索赔信息进行调整。若假设赔付数据在不同年度之间相互独立，则会造成费率因子的估计偏差从而影响纯保费的预测。

为了保证文章的完整性，本书是在索赔频率预测模型、索赔金额预测模型以及纯保费预测模型的基本框架下完成的。由于受到保险公司赔付数据的结构以及笔者知识水平的限制，研究具有一定的局限性，同时还有一些深层次问题有待进一步探讨。

第一节　主要结论

第一，在费率厘定中考虑相邻地区之间的相依性和不同地区之间的差异性，可以构建基于空间相依的费率厘定模型。同时，考虑索赔次数数据存在零膨胀特征和索赔强度存在尖峰厚尾的特征，可以构建基于零膨胀分布假设下的索赔频率预测模型和偏 T 分布假设下的索赔强度预测模型。基于我国一组实际汽车保险赔付数据的实证分析，并运用 AIC 和 BIC 统计量进行模型比较，本书提出的空间相依性模型能够更好地拟合索赔次数和索赔强度的赔付数据。

第二，通过数据模拟的方法，论证了在费率厘定过程中考虑索赔频率与索赔强度之间的相依关系的必要性，考虑相依性可以降低费率因子的估计误差，对纯保费的预测值进行修正。

第三，在两步法的定价框架下，构建了相依性调整模型。相依性调整模型的优势在于，将纯保费预测值分解为独立假设下的纯保费预测和相依性对纯保费的影响两个部分，直观地体现了相依性对纯保费的调整。基于一组汽车保险损失数据的实证研究结果表明，与现有文献中的各种模型相比，本书提出的相依性调整模型在总体上表现出了相对较好的预测能力和实际应用价值。

第四，考虑保单多年期赔付数据在不同年度之间的相依关系，可以构建最优奖惩系统。该定价模型可以同时根据保单的先验风险特性信息和经验索赔记录同时进行费率厘定和费率调整。

第五，针对索赔次数的最优奖惩系统，本书将泊松—伽马分布推广到了负二项—贝塔分布，同时推导出了索赔次数预测的显示表达式。运用索赔次数的最优奖惩系统进行实证分析，将测算结果与我国2015年的车险费率改革规定的奖惩系数相比，本书提出的模型不仅增加了奖励和惩罚的程度，而且在一定程度上避免了保费的重复性奖励和惩罚，同时考虑了更多的奖惩情况，能够有效区分保单在经验信息上的差异。

第六，针对索赔金额的最优奖惩系统，本书将指数—逆伽马分布扩展到伽马—伽马和对数正态—正态分布，同时结合索赔次数最优奖惩系统，构建了不同组合的纯保费最优奖惩系统，进一步解决了我国现行奖惩系统忽略了历史索赔金额对保费的影响的问题。

第二节　研究展望

本书对考虑风险相依情况下的非寿险费率厘定研究存在一些不足，以下四个方面的问题需要深入探讨。

第一，空间相依性模型仅仅考虑了赔付数据在相邻地区之间的相依关系，没有考虑不同地区之间的距离的影响。在后续研究中，若考虑通过地区之间的距离大小来构建空间惩罚矩阵，可以进一步完善空间相依性模型在费率厘定中的应用。另外，当样本数据量较大时，在R软件中运用极大似然估计方法对空间相依性模型进行估计时需要的计算机内存较大，算法有待改进。

第二，对索赔频率与索赔强度之间的相依性模型而言，本书仅仅讨论了索赔次数服从泊松分布，索赔强度服从伽马分布的情况。在后续研究中，可以根据数据的特征，根据索赔次数和索赔强度的不同分布，进一步对本书提出的相依性调整模型进行扩展。

第三，本书运用极大似然方法对最优奖惩系统的参数进行了估计和预测。由于模型设定复杂，极大似然估计可能存在局部最优解的情况，使得该方法在实际运用中存在局限性。

　　第四，本书提出的最优奖惩系统虽然考虑了赔付数据在不同年度上的相依关系，但在预测过程中仍然假设索赔次数和索赔金额之间是相互独立的。在后续研究中，我们可以进一步考虑索赔次数和索赔金额的相依关系，从而构建相依风险下的纯保费最优奖惩系统。

参考文献

［1］ Agresti A. Foundations of linear and generalized linear models ［M］. London: John Wiley & Sons, 2015.

［2］ Antonio K., Beirlant J. Actuarial statistics with generalized linear mixed models ［J］. Insurance: Mathematics and Economics, 2007, 40 (1): 58-76.

［3］ Bühlmann H., Gisler A. A course in credibility theory and its applications ［M］. Hidelberg Springer, 2005.

［4］ Baumgartner C., Gruber L. F., Czado C. Bayesian total loss estimation using shared random effects ［J］. Insurance: Mathematics and Economics, 2015 (62): 194-201.

［5］ Boucher J. -P., Denuit M., Guillen M. Models of insurance claim counts with time dependence based on generalization of poisson and negative binomial distributions ［J］. Variance, 2008, 2 (1): 135-162.

［6］ Breslow N. E., Lin X. Bias correction in generalised linear mixed models with a single component of dispersion ［J］. Biometrika, 1995, 82 (1): 81-91.

［7］ Buhlmann H., Straub E. Credibility for loss ratios ［J］. Actuarial Research Clearing House, 1972 (2).

［8］ De Jong P., Heller G. Z. Generalized linear models for insurance data ［M］. Cambridge: Cambridge University Press, 2008.

［9］ De Vylder F. Non-linear regression in credibility theory ［J］.

Insurance: Mathematics and Economics, 1985, 4 (3): 163-172.

[10] Denuit M. , Lang S. Non-life rate-making with Bayesian GAMs [J]. Insurance: Mathematics and Economics, 2004, 35 (3): 627-647.

[11] Dong A. X. , Chan J. Bayesian analysis of loss reserving using dynamic models with generalized beta distribution [J]. Insurance: Mathematics and Economics, 2013, 53 (2): 355-365.

[12] Eling M. Fitting insurance claims to skewed distributions: Are the skew-normal and skew-student good models? [J]. Insurance: Mathematics and Economics, 2012, 51 (2): 239-248.

[13] Fahrmeir L. , Kneib T. , Lang S. , Marx B. Regression: Models, methods and applications [M]. Springer Science & Business Media, 2013.

[14] Fernández C. , Steel M. F. On Bayesian modeling of fat tails and skewness [J]. Journal of the American Statistical Association, 1998, 93 (441): 359-371.

[15] Frangos N. E. , Vrontos S. D. Design of optimal bonus-malus systems with a frequency and a severity component on an individual basis in automobile insurance [J]. Astin Bulletin, 2001, 31 (1): 1-22.

[16] Frees E. W. , Lee G. , Yang L. Multivariate frequency - severity regression models in insurance [J]. Risks, 2016, 4 (1): 4.

[17] Frees E. W. , Meyers G. , Cummings A. D. Summarizing insurance scores using a Gini index [J]. Journal of the American Statistical Association, 2012, 106 (495): 1085-1098.

[18] Frees E. W. , Young V. R. , Luo Y. A longitudinal data analysis interpretation of credibility models [J]. Insurance: Mathematics and Economics, 1999, 24 (3): 229-247.

[19] Garrido J. , Genest C. , Schulz J. Generalized linear models for dependent frequency and severity of insurance claims [J]. Insurance: Mathematics and Economics, 2016 (70): 205-215.

[20] Gelman A. Prior distributions for variance parameters in hierarchical models (comment on article by Browne and Draper) [J]. Bayesian

analysis, 2006, 1 (3): 515-534.

[21] Gelman A., Jakulin A., Pittau M. G., Su Y. -S. A weakly informative default prior distribution for logistic and other regression models [J]. The Annals of Applied Statistics, 2008: 1360-1383.

[22] Gelman A., Rubin D. B. Inference from iterative simulation using multiple sequences [J]. Statistical Science, 1992: 457-472.

[23] Girolami M., Calderhead B. Riemann manifold langevin and hamiltonian monte carlo methods [J]. Journal of the Royal Statistical Society: Series B (Statistical Methodology), 2011, 73 (2): 123-214.

[24] Gschlößl S., Czado C. Spatial modelling of claim frequency and claim size in non-life insurance [J]. Scandinavian Actuarial Journal, 2007 (3): 202-225.

[25] Haberman S., Renshaw A. E. Generalized linear models and actuarial science [J]. The Statistician, 1996 (45): 407-436.

[26] Hachemeister C. A. Credibility for regression models with application to trend [M]. Proceedings of the Berkeley Actuarial Research Conference on Credibility, Academic Press, New York, 1975.

[27] Hans B. Experience rating and credibility [J]. Astin Bulletin, 1967, 4 (3): 199-207.

[28] Hastie T. J., Tibshirani R. J. Generalized addtive models [M]. London: Chapman and Hall, 1990.

[29] Jørgensen B., Paes De Souza M. C. Fitting Tweedie's compound Poisson model to insurance claims data [J]. Scandinavian Actuarial Journal, 1994 (1): 69-93.

[30] Jewell W. S. Credibility means are exact Bayesian for exponential families [J]. Astin Bulletin, 1974, 8 (1): 77-90.

[31] Klein N., Denuit M., Lang S., Kneib T. Nonlife ratemaking and risk management with Bayesian generalized additive models for location, scale, and shape [J]. Insurance: Mathematics and Economics, 2014 (55): 225-249.

[32] Klein N. , Kneib T. , Lang S. Bayesian generalized additive models for location, scale, and shape for zero-inflated and overdispersed count data [J]. Journal of the American Statistical Association, 2015, 110 (509): 405-419.

[33] Klugman S. A. , Panjer H. H. , Willmot G. E. Loss models: From data to decisions [M]. London: John Wiley & Sons, 2012.

[34] Krämer N. , Brechmann E. C. , Silvestrini D. , Czado C. Total loss estimation using copula-based regression models [J]. Insurance: Mathematics and Economics, 2013, 53 (3): 829-839.

[35] Lang S. , Brezger A. Bayesian P-splines [J]. Journal of Computational and Graphical Statistics, 2004, 13 (1): 183-212.

[36] Lang S. , Umlauf N. , Wechselberger P. , Harttgen K. , Kneib T. Multilevel structured additive regression [J]. Statistics and Computing, 2014, 24 (2): 223-238.

[37] MacCullagh P. , Nelder J. A. Generalized linear models [M]. Boca Raton: CRC Press, 1989.

[38] Mahmoudvand R. , Hassani H. Generalized bonus-malus systems with a frequency and a severity component on an individual basis in automobile insurance [J]. Astin Bulletin, 2009, 39 (1): 307-315.

[39] Mowbray A. How extensive a pyroll is mecessary to give dependable pure premium? [J]. Proceedings of the Casualty Actuarial Society, 1914 (1): 24-30.

[40] Nelder J. , Wedderburn R. W. M. Generalized Linear Models [J]. Journal of the Royal Statistical Society: Series A, 1972, 135 (3).

[41] Nelsen R. B. An introduction to copulas [M]. Berlin Springer Science & Business Media, 2007.

[42] Ohlsson E. , Johansson B. Non-life insurance pricing with generalized linear models [M]. Hidelberg: Springer, 2010.

[43] Pinquet J. Designing optimal bonus-malus systems from different types of claims [J]. Astin Bulletin, 1998, 28 (2): 205-220.

[44] Pinquet J. Experience rating through heterogeneous models [M]. Handbook of Insurance: Springer, 2000: 459-500.

[45] Rigby R. A., Stasinopoulos D. M., Heller G., Voudouris V. The disribution toolbox of GAMLSS [EB/OL]. 2014. www. gamlss. org.

[46] Rigby R. A., Stasinopoulos D. M. Generalized additive models for location, scale and shape [J]. Journal of the Royal Statistical Society: Series C (Applied Statistics), 2005, 54 (3): 507-554.

[47] Robert C. P. Monte carlo methods [M]. Hoboken Wiley Online Library, 2004.

[48] Rue H., Held L. Gaussian Markov random fields: Theory and applications [M]. Boca Raton: CRC Press, 2005.

[49] Shi P. Insurance ratemaking using a copula-based multivariate Tweedie model [J]. Scandinavian Actuarial Journal, 2016 (3): 198-215.

[50] Shi P., Feng X., Ivantsova A. Dependent frequency-severity modeling of insurance claims [J]. Insurance: Mathematics and Economics, 2015 (64): 417-428.

[51] Shi P., Valdez E. A. Longitudinal modeling of insurance claim counts using jitters [J]. Scandinavian Actuarial Journal, 2014 (2): 159-179.

[52] Song P. X. K., Li M., Yuan Y. Joint regression analysis of correlated data using Gaussian copulas [J]. Biometrics, 2009, 65 (1): 60-68.

[53] Stasinopoulos D. M., Rigby R. A. Generalized additive models for location scale and shape (GAMLSS) in R [J]. Journal of Statistical Software, 2007, 23 (7): 1-46.

[54] Sun J., Frees E. W., Rosenberg M. A. Heavy-tailed longitudinal data modeling using copulas [J]. Insurance: Mathematics and Economics, 2008, 42 (2): 817-830.

[55] Tan C. I. Optimal design of a bonus-malus system: Linear relativities revisited [J]. Annals of Actuarial Science, 2016, 10 (1): 52-64.

［56］ Tan C. I. Varying transition rules in bonus - malus systems：From rules specification to determination of optimal relativities ［J］. Insurance：Mathematics and Economics，2016（68）：134-140.

［57］ Tzougas G.，Vrontos S.，Frangos N. Optimal bonus - malus systems using finite mixture models ［J］. Astin Bulletin，2014，44（2）：417-444.

［58］ Whitney A. The theory of experience rating ［J］. Proceedings of the Casualty Actuarial Society，1918（4）：274-292.

［59］ Xacur O. A. Q.，Garrido J. Generalised linear models for aggregate claims：To Tweedie or not？ ［J］. European Actuarial Journal，2015，5（1）：181-202.

［60］ Yan J. Enjoy the joy of copulas：With a package copula ［J］. Journal of Statistical Software，2007，21（4）：1-21.

［61］ Yip K. C.，Yau K. K. On modeling claim frequency data in general insurance with extra zeros ［J］. Insurance：Mathematics and Economics，2005，36（2）：153-163.

［62］ Zehnwirth B. Probabilistic development factor models with applications to loss reserve variability，prediction intervals and risk based capital ［M］. Casualty Actuarial Society Forum，1994.

［63］ Zeileis A.，Kleiber C.，Jackman S. Regression models for count data in R ［J］. Journal of Statistical Software. 2008，27（8）：1-25.

［64］ 康萌萌. 基于广义线性混合模型的经验费率厘定 ［J］. 统计与信息论坛，2009，24（7）：51-56.

［65］ 康萌萌，孟生旺. 基于 MCMC 模拟和伪似然估计法的交叉分类信度模型费率厘定 ［J］. 统计与信息论坛，2014，29（2）：34-39.

［66］ 李政宵，孟生旺. 考虑空间效应的贝叶斯分层模型与索赔频率预测 ［J］. 数学的实践与认识，2016（10）：193-202.

［67］ 李政宵，孟生旺. 相依风险条件下的汽车保险定价模型 ［J］. 保险研究，2016（7）：68-77.

［68］ 李政宵，谢远涛，蒋涛. 基于线性混合模型的风险相依信

度模型构建 [J]. 统计与决策, 2015 (11): 31-34.

[69] 卢志义, 刘乐平. 广义线性模型在非寿险精算中的应用及其研究进展 [J]. 统计与信息论坛, 2007, 22 (4): 26-31.

[70] 孟生旺. 广义线性模型在汽车保险定价的应用 [J]. 数理统计与管理, 2007, 26 (1): 24-29.

[71] 孟生旺. 过离散次数分布模型的尾部特征 [J]. 数理统计与管理, 2009 (3): 449-456.

[72] 孟生旺. 考虑个体保单风险特征的最优奖惩系统 [J]. 数理统计与管理, 2013, 32 (3): 505-510.

[73] 孟生旺. 汽车保险的精算统计模型 [M]. 北京: 中国统计出版社, 2014.

[74] 孟生旺. 商业车险定价模型评析 [J]. 中国精算师, 2016 (2).

[75] 孟生旺, 李政宵. 基于随机效应零调整回归模型的保险损失预测 [J]. 统计与信息论坛, 2015, 30 (12): 11-17.

[76] 孟生旺, 李政宵. 偏 t 分布假设下的空间效应模型及其应用 [J]. 数理统计与管理, 2016, 35 (6): 1028-1037.

[77] 孟生旺, 李政宵. 索赔频率与索赔强度的相依性模型 [J]. 统计研究, 2017, 34 (1): 55-66.

[78] 孟生旺, 王选鹤. Gamlss 模型及其在车损险费率厘定中的应用 [J]. 数理统计与管理, 2014, 33 (4): 583-591.

[79] 孙佳美, 肖书楷. 我国现行机动车商业保险奖惩系统评价 [J]. 保险研究, 2010 (1): 47-56.

[80] 王明高, 孟生旺. 尖峰厚尾保险损失数据的统计建模 [J]. 数学的实践与认识, 2014 (22): 26.

[81] 谢远涛, 李政宵. 基于联合定价模型的奖惩因子的扩展与比较 [J]. 统计与信息论坛, 2015 (6): 33-39.

[82] 谢远涛, 王稳, 谭英平, 杨娟. 广义线性混合模型框架下的信度模型分析 [J]. 统计与信息论坛, 2012, 27 (10): 3-8.

[83] 徐昕, 袁卫, 孟生旺. 零膨胀广义泊松回归模型与保险费

率厘定 ［J］. 数学的实践与认识，2009，39（24）：99-107.

　　［84］徐昕，袁卫，孟生旺. 负二项回归模型的推广及其在分类费率厘定中的应用［J］. 数理统计与管理，2010，29（4）：656-661.